What a wonderful world!

# あなた次第で この世界は 素晴らしい 場所になる

ひすいこたろう

Discover

# Prologue

かつて、僕らのご先祖さんたちが夜空を見上げていたとき。

「ねえ、ねえ、この星とあの星を結んだら、ライオンのように見えない？」

そう盛り上がって名付けられたのが、「しし座」です。

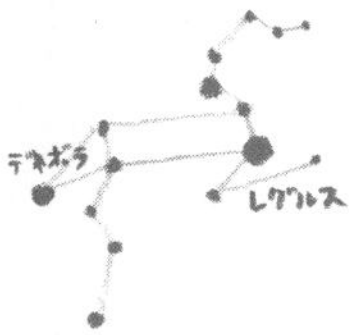

しし座

「あれとあれを結んだら、絶対、さそりでしょ！」と盛り上がったのが、

「さそり座」です。

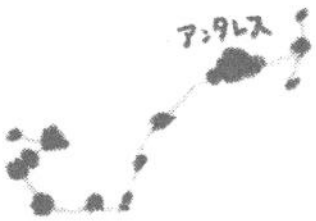

さそり座

「あれは髪の毛だよね？」

「え？　髪の毛？」

と、若干盛り下がったのが「かみのけ座」です（笑）。

かみのけ座

星はただそこにあるだけです。でも、そこに、ワクワクするような想像を働かせて、星と星を自由自在に結び、夜空に絵を見出し、夜空にドラマを見出していったのが、星座の歴史です。

人生も一緒。現実がただそこにあるだけです。
面白くもなんともない現実を、どう面白おかしくとらえ結んでいくかは、あなたの「視点」にかかっています。

**問題が問題なのではなく、**
**それを、どうとらえるかが**
**ほんとうの問題です。**

とらえ方は自由に変えられます。

例えば、結婚式で、乾杯の挨拶の方がグラスを落として、ガシャーンと割ってしまったとします。結婚式で「割れ」はタブー。縁起が悪い。「やってしまった！」と周りの空気が固まる。そんなときに、この本を読んだあなたなら、マイクを取って、こう言ってフォローしてあげることができます。

「ユダヤでは、結婚式は、最後、新郎がグラスを靴で踏んで割ります。これからの結婚生活で、割れた欠片をつなぎ合わせていく作業は永遠を意味し、永遠をかけて幸せを紡いでいくという意味を込めてであり、飲み直しはしない。後戻りしないという決意でもあり、いくつもの意味をそこに込めています。

船の進水式でも、門出を祝い、シャンパンを割ります。

人生は、なにごともとらえ方次第です。

というわけで気を取り直して、かんぱ〜い」

こんなふうに言えば、今度は、あなたと結婚したいという人が続々と出てくることでしょう（笑）。

割れたグラスを見て、縁起が悪いとしょんぼりすることもできます。
「いや、いや、逆にめでたい」とみんなで盛り上がることもできます。
どっちの人生がいいですか？
現実が、答えじゃない。あなたのとらえ方が、答えです。

## どうとらえるかで、違う宇宙が出現するのです。

あなたの人生がつまらないと思うんなら、
それは、あなた自身がつまらなくしてるんだぜ。

この本では、つまらない毎日を、
ドラマチックに変えてしまう視点を、盛りだくさんにお届けします。

ようこそ、ひすいワールドへ。

# Q 大切にしているものに傷がついてショック！

## その傷こそ「自分らしさ」だ！

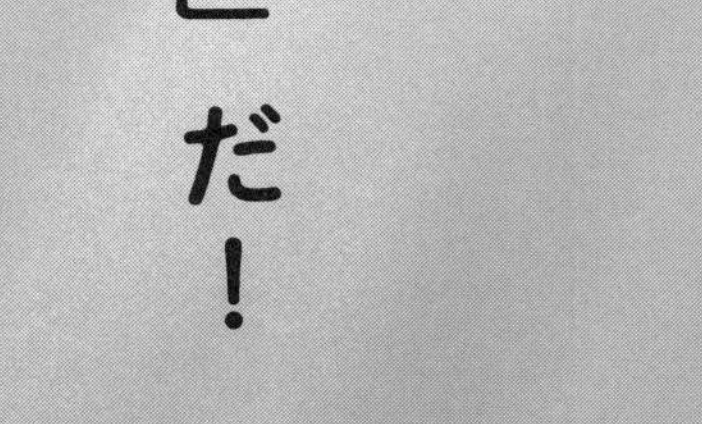

*What a wonderful world!*

iPhoneを作ったアップルの創業者スティーブ・ジョブズに、こんな話があります。ジョブズは取材中、インタビューアーの持っていたiPodを見て、急に不機嫌になった。普通、インタビューアーが自分の開発した製品を持っていたら、ご機嫌になるものです。当然、インタビューアーは焦りました。

「なにか間違ったことをしてしまったのか……?」

実は、ジョブズの不機嫌の理由は、インタビューアーがiPodにカバーをつけていたことでした。iPodの初期のタイプは裏面がステンレスでピカピカだったんです。そのステンレス面に傷をつけないためにカバーをしていたのですが、それがいけなかったのでした。

ジョブズはこう言いました。

**「傷がつくのを嫌がって、カバーをしている人がいるけど、傷こそが、キミだけのものになった証じゃないか。傷こそ美しいのに……」**

「傷こそ美しい。傷は自分らしさ」

と解釈し、その傷を誇りに思うことだってできるのです。

ちなみに僕は、iPhoneのデザインが好きすぎて、カバーをせずにそのまま持ち歩いていたんですが、ある日、うっかり落として、傷がついてしまった！

こんなときこそ、僕はそこに「物語」をつけてあげます。

つまり、「解釈」をつけるのです。

例えば僕の場合。ちょうど坂本龍馬のお墓まいりに行くときにiPhoneを落としたので、この傷を見るたびに、龍馬から、「おまん。がんばれよ」ってエールを送られているんだと考えてみることにしました。

傷＝龍馬からのエール。

そう思ったら、ちょっと気持ちが変わる。

傷が、僕だけの素敵なオリジナルデザインになったわけです。

とはいえ、落とした直後は、もちろん凹んでいます（笑）。

それでいいんです。なんの問題もありません。

*What a wonderful world!*

湧き上がる感情は一切否定せず、そのままに全肯定して寄り添います。
そのうえで、起きてしまった「過去（傷）」は活かすしかない。

**たとえ傷であっても、その傷を**
**「ステキな未来を創るきっかけ」に変えられれば、**
**傷は「希望」にすることができる。**

「事実は直接、人には影響を与えません。
事実はその人の解釈を通じて、その人に影響を与えます」
加藤諦三（社会学者）

人は、次の流れの中で、行動を起こします。

**❶出来事（事実）** ☞ **❷解釈（意味付け）** ☞ **❸感情** ☞ **❹行動**

「出来事（事実）」が人に影響を与えるのではなく、その出来事をどう「解釈（意味付け）」するかで、「感情」が変わり、「行動」が変わり、「世界」（人生）が変わるのです。

出来事をどう解釈するかは、1秒で変えることができます。
だから、世界は1秒で変えられるってことです。

解釈ひとつで、この世界はいくらでも素晴らしい場所になります。
本来、世界は、中立で、真っ白なキャンバスとして存在しています。
それを面白くするのは、あなたの「見方」なんです。

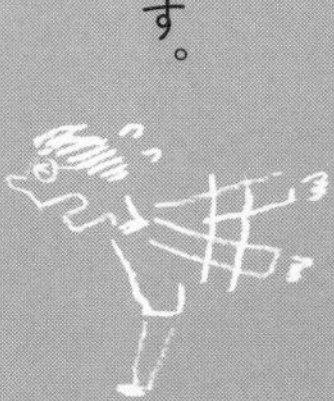

この本は、こんなときはこう解釈するという「ものの見方」や、どこにフォーカス

*What a wonderful world!*

すると人生がもっと面白くなるか、その視点の持ち方を、日常によくあるシーンに落とし込んで、70個ご用意しています。

「視点」が変わると「認識」が変わり、
「認識」が変わると「世界」が変わります。

この本を読み終わるころには、あなたは、
大空を舞う鳥のように、
自由な視点から、俯瞰して自分の人生を
眺められるようになるでしょう。

**準備はいい？**
**さあ、君の世界を変える旅に**
**でかけよう。**

ひすいこたろう

What a wonderful world!

あなた次第で

この世界は

素晴らしい

場所になる

# Contents

プロローグ 004
1 大切にしているものに傷がついてショック！ 008

# Chapter 1 ガッカリ↓ワクワク！

2 自分の周りでは、なーんにも面白いことが起きない。どうすれば人生は面白くなるんだろう？ 026
3 着たい服を試着したら、ゼンゼン似合わなかった。 030
4 楽しみにしていたレストランに行ったら、臨時休業。なんてツイてないんだろう……。 034
5 どうしても乗りたかった電車に乗り遅れた～。 038
6 道路にお金が落ちてる！……と思ったら、1円玉だった。こんなときの正しいリアクションは？ 042

7 抜けた髪の毛を見ると憂鬱になる。 046
8 「最近太ったんじゃない？」と、言われてしまった。 052
9 何度もダイエットに挑戦しているのに、まったく成功しない。 056
10 「自分の人生、ドン底」そんな気分のときは？ 060
11 買ったばかりのティーカップを使う前に割ってしまった！ ショック！ 066
12 今日は雨で憂鬱だな……。 070
*Take a bird's-eye view of your life* ～ネガティブな感情との上手なつき合い方 その①～ 074

## Chapter 2 イライラ→スッキリ！

13 いつも時間が足りない。 082
14 ポジティブな言葉なんか言いたくない。どうしてもグチを言いたい！ 086

15 仕事で疲れて帰ってきたのに パートナーが夕飯を作ってくれていなかった！ 090
16 口うるさい親にうんざり。 094
17 トイレ掃除が大キライ。やんなきゃダメ？ 098
18 レジに並ぶと、必ず遅いほうのレジに当たる。私って、運が悪い！ 102

## Chapter 3 モワモワ→ほっこり

19 恋人を親友に奪われた。恋人も、親友も失った……。 108
20 大失恋。つき合っていた人に、「実はあんまり好きじゃなかった」と言われた。 112
21 結婚生活○年。夫婦ゲンカが絶えない。もう疲れた。こんなときは？ 116
22 近くにいる人が、ため息をついたり、「しんどい」「めんどくさい」などのネガティブワードが口癖で、正直、疲れる。 120

23 会社にいる人がいやだ……。妻がいやだ……。夫がいやだ……。 124
24 言うことを聞かない子どもにムカッときて、キーッとなってしまう。 130
25 デカすぎるくしゃみをしたら、パートナーに怒られた！ 134
26 いい出会いがまったくない！
いったい、素敵な人はこの世のどこにいるのか？ 138
27 子どものダンス発表会。一緒にたくさん練習したので、
本番を楽しみにしていたら、娘は舞台で失敗。娘も私もショックで……。 142
28 娘がいい歳なのに、結婚せず困っています。 146
29 部下が、まったく思い通りに動いてくれない。 150
30 絶対に私は正しい！ あの人が間違っている！……と、
確信しているのだけど……。 154
31 職場に嫌な上司がいて毎日仕事に行くのが辛い。 158
32 誕生日なのに誰からも誘われない。予定がない。メールがない。寂しすぎる！ 162

33 大切な人が亡くなった……。 166


# Take a bird's - eye view of your life
## ～ネガティブな感情との上手なつき合い方 その②～ 172

# Chapter 4 ピンチ！↓チャンス

34 とつぜん、想定外のことが起きた！！ どうしよう！ 178
35 ヒゲを剃っていたら、うっかり鼻の下を切ってしまい、血が出てしまった。 182
36 ショック！ 財布を落とした。 184
37 居酒屋で、間違って自分の靴を履いていかれてしまった。 188
38 かけこんだトイレにトイレットペーパーがない！！！ 192
39 家を出たら、虫が死んでいた！ 縁起が悪い！ こんなときはどう考える？ 196
40 人前でウ◯コを漏らしてしまった。恥ずかしくて死にたい。 200

41 私の人生は、いつもいつも想定外のことばかり。やんなっちゃう。 204
42 よく道を間違えて、遠回りしてしまう。 208
Take a bird's - eye view of your life
～ネガティブな感情との上手なつき合い方 その③～ 212

## Chapter 5 クヨクヨ↓リ・スタート

43 「もう○歳か。歳とったな」年齢に限界や疲労を感じる。 218
44 仕事でなかなか成果が出ない。自分にはなにが足りないのか？ 222
45 あれもできない。これもできない。不器用な自分に凹む毎日。どうしたらいい？ 226
46 失敗したらどうしよう？ ハラハラして夜も眠れない。 230
47 目標や夢をかなえたいけれどなにから始めていいかサッパリわからない。
（夢のかなえ方 その1） 234

48 でも、やっぱりいくら考えても夢のかなえ方がわからない。（夢のかなえ方　その2） 238
49 飽きっぽくて、なにをやっても長続きしない。 242
50 小さなことが気になって、くよくよしてしまう。 246
51 思い出すたびに嫌な気持ちになる思い出がある。どうすれば乗り越えられる？ 250
52 「私は、嫌われてるんじゃないか……」と思ったら？ 254
53 どうしてもわかり合えない人がいて苦しい。 258
54 どうしても他人の目が気になっちゃう。 262
55 どうしても親を許せない。 266
56 いやいやいや。ムリムリ。反面教師とすら思いたくない。絶対に親を許せない。 270
57 なんのために生きるのか、わからなくなった。 274
58 なんだかんだいってほんとはやる気がない。 278

59 「最近、いいことないな」って思ったら？ 282
60 働く意味が見出せなくなってしまったら、なにから変えていけばいいのだろう。 286
61 正直言うと、夢がかなう気がしない。（夢のかなえ方　その3） 290
Take a bird's - eye view of your life ～ネガティブな感情との上手なつき合い方　その④～ 294
62 いろいろ学んでいるはずなのに、結局、自分はなにも変わっていない気がする。 298
63 誰の役にも立っていない自分は、生きていていいのでしょうか。 302
64 自分が変わったところで世界は変わらないと思う。だから変わらなくていいのでは？ 306
65 夕日を見ると、なんだか寂しい気持ちになる。 310
66 すぐに嫉妬するし、憎みもするし、恨みもするし、愛の足りない自分に嫌気がさす。 314

67 私の人生はずっと、辛いこと、苦労の連続。これでいいの？ 318
68 病気になったことが受けいれられないときは？ 322
69 心配性で、未来に対していつも漠然と不安を感じている。この気持ち、どうすればいい？ 326
70 2匹の狼が闘っている。1匹の狼は「恐れ」「怒り」「嫉妬」「エゴ」の象徴。もう1匹は「喜び」「平和」「愛」「希望」「信頼」の象徴。勝つのはどっち？ 330

THE LAST MESSAGE 334

エピローグ 337
出典・参考文献 344

※本書は、2015年に刊行された『あなたの人生がつまらないと思うんなら、それはあなた自身がつまらなくしているんだぜ。』の増補改訂版です。

購入者限定
特典

# あなたの世界をガラリと変えるスペシャルしつもん

ネガティブな状況に陥ったときに思い出してほしいスペシャルな「しつもん」をご用意しました。スマートフォンに保存して見返したり、プリントアウトして手帳に入れたりと、お守りのようにお使いください。

▶ ユーザー名
discover3025

▶ パスワード
wonderfulworld

https://d21.co.jp/special/wonderfulworld/

# Chapter 1

# ガッカリ↙ワクワク！

Q 自分の周りでは、なーんにも
面白いことが起きない。
どうすれば人生は面白くなるんだろう？

面白くない「現実」が
あるのではなく、
面白くない「視点」が
あるだけ。

友人がお笑いの「よしもと」の養成所に通っていたときのお話です。

特別講師として千原ジュニアさんが来てくれたとき、こんなやりとりがあったそう。


「ジュニアさんは、ネタ作りをどんなときにしているのですか？」

「いまと言えばいま、さっきと言えばさっき、これからと言えばこれから。

つまり俺は、24時間お笑いのことを考えてます」


そういうことです。

さらに、

「なんでジュニアさんの周りではそんなに面白いことばかり起きるんですか？」

という質問に対して、ジュニアさんは次のように答えました。


「お笑い芸人の周りだけで面白いことが起きてるはずなんかない。でも、わしらは人におもろい話をするって決めて生きてる。だから、面白いものが引っかかるんや」

**面白いことが起きる人は、面白いことを探すことに視点を当てている。**
**面白いことが起きない人は、面白くないところに視点を当てている。**
**違いはそれだけ。**

あなたはこの世界でなにを体験したいのか？
それを決めていますか？
なにを見たいのか？
なにを大事にして生きたいのか？
なにがあなたの幸せなのか？
そこを明確にしてみてください。

妊娠したとき、僕の妻はこう言っていました。
「街の中って、案外、妊婦さん、歩いてるんだね」
妊婦さんはもとから歩いているんです。でも、そこに意識がいっていないから、
自分が妊娠するまでは、文字通り見えなかっただけ。

What a wonderful world!

意識が変わった途端、見える「現実」が変わり始めます。
だから、あなたの意識が変わったら、1秒で世界が変わります。
外側にあるものが現実として見えるのではない。

**自分の心の中にあるものが見える。**

であれば、あなたはなにを見たい？
ってことなんです。

## Q 着たい服を試着したら、ゼンゼン似合わなかった。

# 「未来の自分は着こなせている！」と想像してみる。

先日、買い物に行きまして、ライダース・ジャケットを試着してみました。ライダースって、ロックでハードでパンクなイメージですよね。

ポップでソフトでチキンなひすいとしては、まるで真逆のイメージの服。

だからライダースは、いままで試着すらしたことがなかったのですが、チャレンジしてみたんです。けれども、試着をして鏡を見たら、恥ずかしくなるくらい似合っていなかった。もう赤面しました。

試着室に来てくれた店員さんに、僕は照れながら、「似合わなかったな〜」と言いました。

すると店員さんが、真顔でこう言うんです。

「待ってください！」と。

店員さんは続けました。

「待ってください。似合ってないと判断をくだすのは、保留にしてください」

「昔嫌いだった食べ物が、歳をとってから大好きになることってありませんか？

僕はライダースを、30代になってから着るようになりました。それまでは好んでテーラードタイプのジャケットを着ていたので、ライダースのハードなイメージに抵抗があったんです。でもいま、歳を重ね、休日にはライダースばかり着ています。

**いま、お客様は、**
**そのライダースが似合っていないと思っているかもしれない。**

**でも、未来はわかりません。**

**いま似合う服は、もう十分持っていますよね？**

**未来に似合う服に挑戦する余地を、残しておいてほしいんです**」


未来の自分に似合う服に挑戦する。

それがファッションなんだ。それがパッションなんだ。

この日、そう感じました。


過去に自分はどうだったかではなく、未来、どうありたいかで生きよう。

What a wonderful world!

# これまでの過去の自分で発想するんじゃなくて
# これからの未来の自分を基準に考える。

大切なのは、「これまで」ではなく、「これから」だ。

僕のクローゼットには、いま、すっごくかっこいいライダースが入っています。
今度、講演で着ていきますね。

新しい服を着て、新しい自分に逢いに行こう。

Q 楽しみにしていたレストランに
行ったら、臨時休業。
なんてツイてないんだろう……。

# あえてガラガラの
# 店に入る。
# すると、金運が上がる。

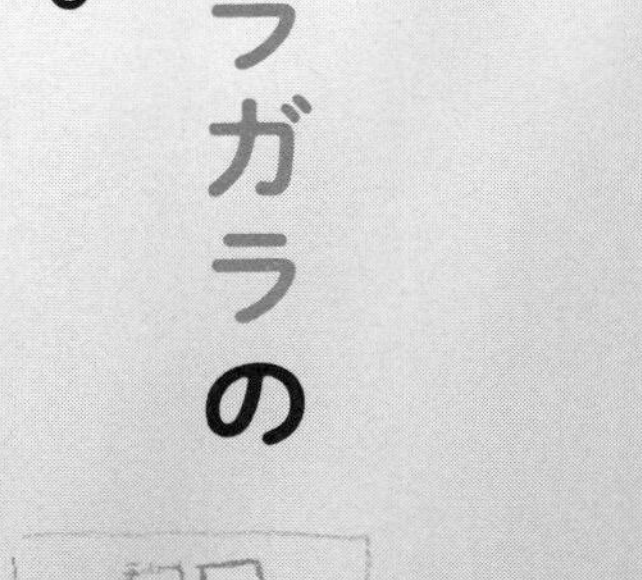

What a wonderful world!

前から行ってみたいと楽しみにしていたお店に行ったら閉まっていた……。ショック、デカイですよね。その気持ちわかります。

僕も、大好きなラーメン屋さんに仕事を終えて急いでかけつけたら、なんと定休日で、思わず涙が出そうでしたから（どんだけー！）。

でも、そんなときこそ、その近所で一番ガラガラのお店に入ることにしています。ガラガラのお店で食事をすると、実は、金運が上がるから……。

これは心理学博士の小林正観さんから教わりました。

正観さんは、「お金にも心がある」と言います。

**お金の心は、人間と一緒で「喜ばれるとうれしい」のだそう。**

ものすごく儲かってるお店で支払われる1000円より、ガラガラに空いているお店に支払われる1000円のほうが、お金はそのお店に喜ばれます。

そして、お金は、喜ばれる使い方をしてくれる人のところに行きたがる性質があるのだそうです。

つまり、「ガラガラのお店でお金を使う＝金運アップ」という図式が成り立つ。

そう考えると、人気のおいしいお店に入るのももちろん幸せ。ガラガラのお店に入るのも金運が上がるから幸せ。両方幸せってことです！

## 考え方次第で、幸せが増えるんです。

実は芸人の萩本欽一さんも、同じようなことを実行しています。欽ちゃんは地方に行くと、タクシーに乗り、行列になっている人気のラーメン屋に連れていってもらうそうです。行列のできているお店の周りには、たいてい、行列店にお客さんをとられてガラガラのお店がある。

欽ちゃんは、あえて、そのガラガラのお店のほうに入ります。

そこで、「ここ、おいしいね」と言うと、店主はニカーっと喜んでくれるのだとか。

What a wonderful world!

決して金運のためにそうしているわけではなく、欽ちゃんはただ、そのニカーっという笑顔が見たいのです。

ごはんを食べることは、自分を喜ばせる行為。

でも、欽ちゃんは、ごはんを食べる行為すらも「人を喜ばせる行為」として味わっているのです。ごはんの味わい方が達人です。

さすが、運に愛されて、「視聴率100％男」と言われた人の視点は違います。

**投げかけたものが返ってくる。**
**喜びを投げかけたら、喜びが返ってくるのです。**

「おいしい」と「うれしい」両方味わおう。

# Q どうしても乗りたかった電車に乗り遅れた〜。



ノープロブレム！

「人生には遅れてないぜ」

と胸をはれ！

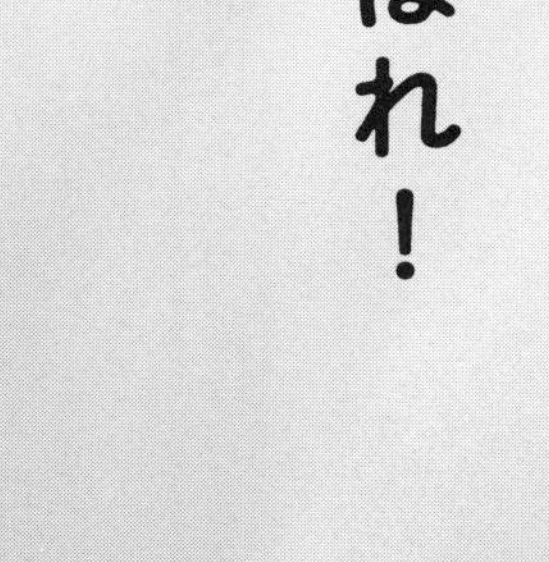

What a wonderful world!

知人の大学の先生が、インドに行ったときのお話です。
どうしても乗らなければならない電車があり、その電車に乗るためにタクシーを捕まえて、「とにかく急いでくれ！」と頼んだところ、道は渋滞……。
「ほんと困るんですけど」とインド人の運転手さんに言ったら、こう言われたとか。

**「その電車に乗り遅れたら、仕事には遅れるかもしれないけど、君の人生には乗り遅れないだろ？」**

さすが「0（ゼロ）の概念」を発見したインドだけありますね。
なんだかよくわかりませんが、謎の説得力があります（笑）。

電車に乗り遅れたら、もう時間を巻き戻すことはできないので、受けいれるしか道はないわけです。

それならば、イライラした状態のままでいるよりも、「人生には遅れてないぜ」と胸をはったほうが、そのあとの展開が確実にいい流れになるはずです。

**未来とは、「いまの心」が創り出すものだからです。**

ということで、猛烈にがんばって走って駅まで行ったにもかかわらず、電車に間に合わなかった人は、

**「おかげでいい運動ができた。**
**少しやせたぜ。**
**今日の夕飯はおいしいぞ」**

と考えてくださいね（笑）。

What a wonderful world!

## Q 道路にお金が落ちてる！……と思ったら、1円玉だった。こんなときの正しいリアクションは？

「1円玉」＝「金運」。
「待ってろ！
いますぐ助けてやる！」と、
即座に救出せよ！

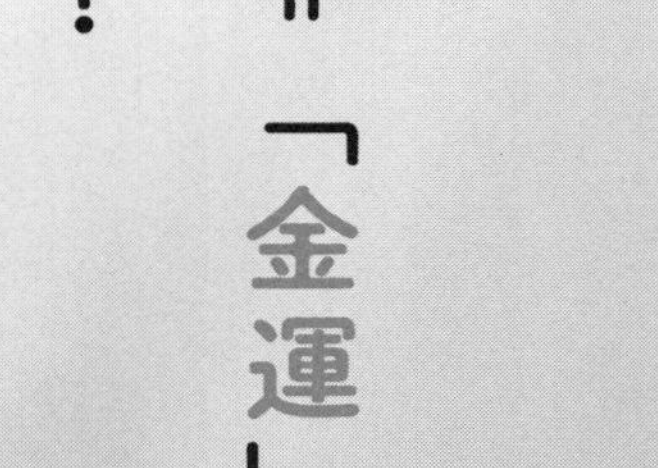

ある大富豪が、歩いているときに道路で1円玉を見つけました。
その大富豪は1円玉を拾い上げるときに、小声でなにかブツブツ言っていたそう。
「なんて言ったんですか？」と聞いたら、驚くべき答えが。

さて、大富豪は落ちていた1円玉になんと言ったのか？

**「待ってろ！　いますぐ助けてやる！」**

そう言ったんです（笑）。

さすがに、大富豪になる人は、1円玉に対しての接し方が違うなって思ったそうです。

大富豪は1円玉を「恋人」のように大切に扱います。

**1円を大切にする。**
**そんな人こそ、お金に好かれます。**

また、別の大富豪は、溝に落ちた1円玉を取り出そうと、道路にかがみこんで必死に取ろうとしたそうです。たかが1円玉をです。

**大富豪は「1円玉」を「わずか1円」と**
**見ていないんです。**
**1円を「金運」と見ているのです。**

1円玉の背後には、そのお父さんの10円玉が控えています。
その背後には、おじいちゃんの100円玉が控えている。
そして、その背後には、福沢諭吉先生、渋沢栄一先生が控えていらっしゃる！
1円玉を助けてくれたあなたには、親戚一同でお礼参りがあることでしょう。

What a wonderful world!

こう考えると、街で1円玉が落ちているのを見かけると、妙にテンションが上がります。

**1円玉を見つけて、思わずガッツポーズが出てしまうことさえあるので、くれぐれも気をつけてくださいね（笑）。**

人生ってシンプルなんです。
大切にしたものから、大切にされるのです。

Q 抜けた髪の毛を見ると
憂鬱になる。

では、
抜けていない髪の毛に
感謝したことが
あるだろうか？

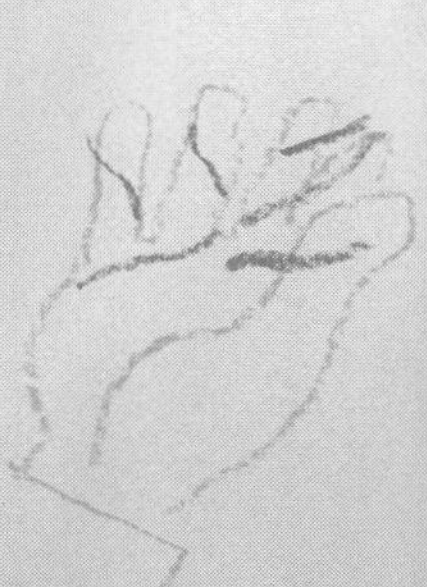

What a wonderful world!

例えば、こんな人がいるとしたら、どうですか？


あなたのためにずっと働いてくれる。

代休も1日も取らないばかりか、請求書も発行してこない。純粋にあなたのためにタダ働き。しかもグチひとつ言わず、ただただ、あなたのために働いてくれる人がいたら、どうですか？


そんな人いるわけないって思いますか？

いますよ。あなたの一番近くに。

あなたの心臓がそうです。あなたが生まれてから、1秒も休むことなく、あなたの心臓は、ドックン、ドックンと、その鼓動を刻んでくれています。

胃だってそうです。あなたがなにもしなくても、寝ていたって胃は食べたものを消化してくれます。

体は、どんなときも、あなたを生かそうと24時間働いてくれています。

あなたのために！　代休も取らずに！！　請求書も発行せず！！！

## では、僕らはそのことに、体に感謝したことがあるでしょうか？

僕の親戚がガンになり、うちのかあちゃんと一緒に病室にお見舞いに行ったときのこと。抗ガン剤で毛が抜けて、ベッドに髪の毛が落ちていました。

かあちゃんはその髪の毛を見るや、

**「髪の毛さん、あなたのために、こんなにがんばってくれたんだね」**

そう言って、抜けた髪の毛を優しくさすりだしたんです！

親戚の人はびっくりしていました。

それまでは、抜けた髪の毛を見るたびに気が重くなっていたのですが、かあちゃんのその一言を聞いてからは、抜けた髪の毛に愛おしさを感じるようになったといいま

What a wonderful world!

す。実際、表情もパッと明るくなりました。とらえ方が変わり、一瞬で表情まで変わったのです。

僕はかあちゃんに聞きました。

「かあちゃんは、なんでそんなものの見方ができるようになったの?」

**「そんなの、あんたの本を全部、3回ずつ読んでるからに決まってるじゃない!」**

親って、ありがたいですね(笑)。

人は、歯が痛いときは文句を言うけど、歯が痛くないときには感謝しない。

髪だって、抜ければ不満を言うけど、抜けていないときは感謝のかけらもない。

いつもがんばってくれている体のために、たまには体をいたわってあげましょう。

「ありがとう」って伝えながら、全身をさすってあげてくださいね。

そして、ちゃんと体の声を聞いてあげてくださいね。健気にあなたのために1秒も休むことなく働いてくれてる体さんなんですから。


**体に感謝。**

**それが自分を大切にするということです。**


自分を大切にすると、不思議と周りからも大切にされるようになります。


最後におまけの話。

ホスト界の帝王と称されたローランドさんは、抜け毛の悩みを持つ方に、「自分についてこれない髪の毛なんか全部抜けてしまえ」と言っていました。

抜け毛に負けてない！

これはこれで、逆に感動しました（笑）。

What a wonderful world!

Q 「最近太ったんじゃない?」と、
言われてしまった。

「太ったんじゃない。
やわらかく鍛えたんだ」
と返そう。

What a wonderful world!

芸人さんはモテます。実際、女優さんと結婚される芸人さんも少なくない。
そのモテる秘密を、芸人さん自身から教えてもらったことがあります。
例えば、「最近ハゲてきたんじゃない？」って言われたら、もうショックですよね。
でも、芸人さんならこう答えるそうです。

**「いいかげんにしろ！　俺のどこがハゲなんだ。**
**もうしばらく待て。春には生えてくるから！」**

ここで、「植物かよ！」ってツッコまれるのが「オイシイ」のだとか（笑）。
そして、「最近、太った？」って言われたときには、芸人さんはこう返す。

**「太ってねえよ！**
**この体はなぁ……。**

# 「このぷよぷよボディは、やわらかく鍛えたんだ」

芸人さんは自分のコンプレックスを楽しく笑いにできるので、相手との距離を瞬時に縮めることができるんだそうです。自慢話をタラタラするよりも、自分の弱点やコンプレックスで笑いをとれるほうが断然楽しいし、距離が縮まるし、好感度も上がりますよね。だから、芸人さんはモテるんです。

コンプレックスや欠点のように思われてることも、まず、それをありのままに受けいれられたら、それをネタ（個性）にできるってことです。
ポケモンでは「ピカチュウ」の進化系が「ライチュウ」です。
では「欠点」の進化系は？

**「ケッテン（欠点）」は受けいれると進化して「アイキョウ（愛嬌）」となり、魅力に変わる。**

# 欠点は、あなたに欠かせない点になるんです。

以前お会いした社長さんは、社員それぞれの個性や「らしさ」をみなで受けいれるために、欠点や弱点を、愛されるキャラに変換すると言っていました。例えば、空気が読めない人は「読めないボーイ」。話が長い人は、「いちいちロングさん」。

欠点も弱点も自分のキャラとして受けいれ、周りも笑って認めてしまえば、ラクになります。

だって、長所の背後には必ず短所（欠点）があるのですから。

コインに表があれば、必ず裏があるように。

短所（裏）を消せば、長所（表）もまた消えます。

だったら、短所を楽しんだほうがいいんです。

短所は「かわいらしさ。人間だもの」と見てくださいね。

# Q 何度もダイエットに挑戦しているのに、まったく成功しない。



あなたに足りないのは、
根性ではなく、
ごほうび。

ダイエットに、何度も失敗してるあなたへ。

「自分は根性がない、ダメな人なんだ」なんて思わなくていいですからね。あなたに足りなかったのは、根性ではなく、ごほうびなんですから。

だって、「1ヵ月で3キロやせたら1億円あげます」と言われたら、ダイエットなんか簡単にやり遂げる自信、ありますよね？（笑）

人はめちゃめちゃワクワクしたら、どんな不落の城をも突破できる生き物。

**だから何度も失敗するということは、根性や才能がないわけではなく、「ワクワクが足りないんだ」と解釈してみてください。**

例えば、ダイエットに成功したら、「南の島に旅に行く」というごほうびを、自分に与えるのです。そして南の島に着ていくワンサイズ小さい素敵な服や水着を、もう買っちゃう。やせないと着られない服を先に買って、部屋に飾っておくのです。

## ダイエットに成功したら、なにする？　それから？
## その先は、どんないいことが待ってる？

その先は？　その先は？　その先は？　その先は？　その先は？

## その先は？　その先は？

ダイエットが成功した暁には、どんなうれしい未来が待っているのか、その先を、その先をと、できるだけ未来を想像して、思いつく限り全部ノートに書き出してみてください。

これは、部屋をなかなかきれいにできないという悩みをも解決できる方法です。

部屋を1ヵ月間きれいにしていたら1億円あげると言われたら、カンタンにやり遂げますよね？

ワクワクしたら必ず成し遂げてしまうのが人間です。だから部屋をきれいにする

*What a wonderful world!*

ことでどんないいことがあるのか、ワクワクしてくるまで書き出してみるんです。

あなたは根性が足りないわけじゃない。

**ただ、ワクワクのスイッチを押していないだけなのです。**

「いやー。なにもワクワクすることがないんですよ」って人は探していないだけです。

世界は、面白いもので満ちています。
世界は、美しいもので満ちています。
世界は、おいしいもので満ちています。

探せば必ず見つかります。

## Q 「自分の人生、ドン底」そんな気分のときは?

# 「人生ズンドコ！」って叫んであたりを見渡すと〝宝物〟が見つかる。

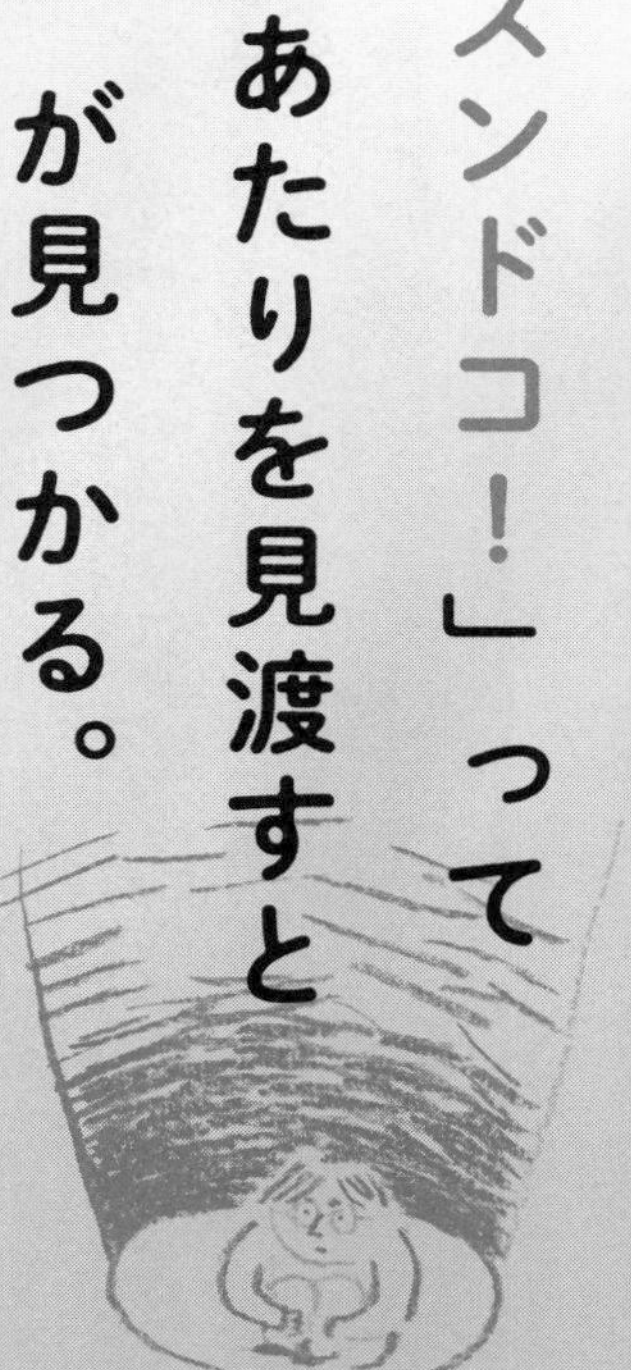

What a wonderful world!

人気小説家・森沢明夫さんのバイリンガルの知人が、あることで悩んでいたときに、ポツリともらした一言。それは……、

**「もう、人生ズンドコで……」**

英語を勉強しすぎたせいか、ドン底の響きを忘れて「ズンドコ」と言ってしまったわけです。

もう一同、大爆笑。みんな明るい気持ちになったそう（笑）。

たとえ人生のドン底にいたって、「ズンドコ」って表現するだけで、パッと明るくなるんですね。

試しに、苦しい気持ちに苛まれたときに、ちょっとがんばって「ズンドコ」って13回言ってみてください。

**「ズンドコズンドコズンドコズンドコズンドコズンドコズンドコズンドコズンドコズンドコズンドコズンドコズンドコ」**

言ってみました?

これね、凹んでるときに言ってみてください。これぞ、元気になる最強のマントラ(聖なる言葉)です。

面白い映画には法則があって、必ず、主人公はドン底、もとい、ズンドコに落ちるんです。もしズンドコに落ちなかったとしたら、それは主人公ではなく、脇役の可能性が高い(笑)。

そして、映画も小説も、主人公は、必ず、ズンドコで人生を変える出会いや気づきと出会う運命になっている。

**なぜなら……人生の宝物は、ドン底に落ちているからです。**

**ズンドコは、**

**人生史上最高のきっかけと出会える場所なんです。**

例えば、ポール・マッカートニーは、14歳のときにお母さんをガンで亡くしました。もう、究極のドン底です。その悲しみを乗り越えるために、ポールは、ギターの練習にあけくれました。

実はまたジョン・レノンも、17歳のときにお母さんを交通事故で亡くし、乗り越えるために音楽にあけくれているんです。

ふたりとも、お母さんの死を乗りこえる過程で、音楽性が開花したのです。

そして生まれたのが、ビートルズ。

ポールはジョンのことをこう語っています。

「何年か経っても、幾度かふたりであのときの悲しみに襲われ、一緒に泣いたことがあった」

のちに世界をゆるがすふたりの絆は、同じドン底を共有していたことで生まれたのです。

ドン底には必ず希望の種が落ちています。

それがなんなのか？　そのときにはわかりません。

でも、5年後にはわかるはずです。

海中で昆布がゆらゆらゆれていても、なんで海にダシが出ないのかわかりますか？
昆布、しいたけ、かつおぶし。ダシが出るものには共通点があります。
それは……、
カラッカラに干からびていることです。

**一度カラッカラに干からびないと、ダシは出ない。**

そう、ドン底とは、「自分らしさ」という持ち味が引き出される熟成期間でもあります。
人はズンドコで、自分らしさという宝物（ギフト）に出会う。

**「ズンドコ」バンザイ！**

What a wonderful world!

Q 買ったばかりのティーカップを使う前に割ってしまった！ショック！

「厄払いができた！」と、万歳三唱する。

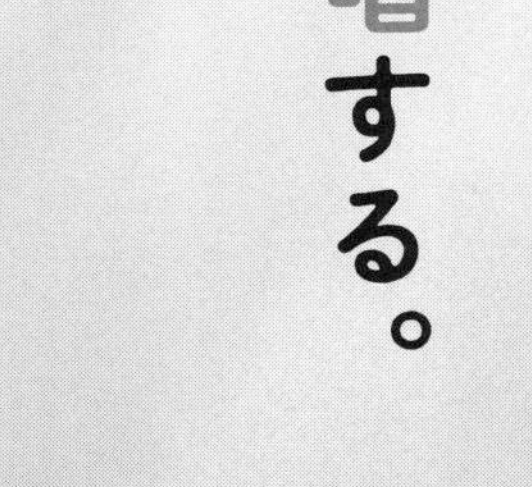

*What a wonderful world!*

再び僕のかあちゃんの登場です。

グラスが割れたときはどう考えたらいいか、プロローグでも触れましたが、さらに違うバージョンの見方をお伝えします。

うちのかあちゃんは、おっちょこちょいなところがあって、よくお皿を割ります。家を出る間際に限ってバタバタするので、なにかを落として壊してしまうこともしょっちゅう。

そのたびに、かあちゃんは「縁起が悪い！」と、心が暗くなっていました。

でも、ものの見方のスペシャリスト・ひすいこたろうを育てた母です。こんなことで、いちいち心を暗くしていたのでは、ひすいの母としての名がすたります。

そこで、あみ出したのが次の考え方です。

**「そうだ！　割れたお皿は、**
**自分の身代わりになってくれたんだ」**

そう思うことにしたら、割れたお皿に対して、「私のためにありがとう」という感謝の気持ちが湧き上がってきたそうです。

さすが、ひすいマザー！（笑）

実は、中国にも同じような考え方があります。旅行に行く前などに献血に行くと、安全な旅になるというように考える中国の占いがあるそうです。これは、「事前に血が流れたことで、厄払いができた」ととらえているようですね。

そのほか、お皿が割れたときは、

**「自分の殻が割れて、いよいよ自分らしくなるときがきた！」**

と、とらえるのもいいでしょう。

暗くなるか、明るくなるか。考え方ひとつなんです。

What a wonderful world!

携帯電話が壊れた、パソコンが壊れたなど、なにかが壊れたときは、「なんでこのタイミングで！」とイライラしがちですが、「身代わりになってくれた」と思うと感謝の気持ちが出てきます。

イライラした気持ちは、イライラする未来を引き寄せ、感謝は、うれしい未来を引き寄せます。

**人生というゲームは、このようにとらえ方ひとつで、未来が分岐していくパラレルワールドなんです。**

## Q　今日は雨で憂鬱だな……。

# 雨の日は、農家の方が喜んで小躍りしてることに、思いを馳せよう。

What a wonderful world!

無農薬でお米を育てている農家さんを訪ねたときのこと。

その農家さんはとても大切にお米を育てていて、寒い日が続いたときなんかは、お湯をたくさん田んぼに持っていき、水面が凍らないように、ずっとあたため続けるそうなんです。

子どもが熱を出したときに、朝まで寄り添うお母さんのような愛で稲と接しているんです。

「土の状態はどうかな。水の状態はどうかな。雑草はどうかな」と、いつもお米に気を配っています。

その方は言いました。

「お米を作るようになって変わったことといえば、雨の日がうれしくなりましたね」

僕たちがふだん、「あー、今日は雨かぁ」なんて思っている雨。でも、その日は、お米にとっても、農家さんにとっても、最高の恵みがもたらされるときなんです。

この話を聞いて以来、雨の日は、あの農家さんの笑顔が浮かびます。

また、別の方に教えてもらった、雨がちょっとうれしくなる話をひとつ。

神社へ行ったときに雨が降り始めたら、それはとても良い前兆なのだそうです。

神社は女性の生殖器を象徴としているんだそうです。だから、「お宮」は「子宮」、「参道」は「産道」。産道を通り、子宮（原点）に戻ることで、生まれ変わるという意味が、神社にはあります。

雨が降ることは濡れることを意味するので、神様が喜んでいると解釈するのです。


これで晴れた日は気持ちがいいし、雨が降っても喜べますね。


**この世界に、「いい天気」という定義はない。**

**いい天気かどうかは、あなたが決めていいのです。**


今日はいい天気だね。

「雨の日には雨の中を
風の日には風の中を」
相田みつを（詩人）

## ジティブには考えられないよ……というあなたへ

そうはいっても、そんなポジティブには考えられないよ……というあなたへ。

いろんな「ものの見方」をお伝えしてきましたが、自分のネガティブな感情に翻弄されているときは、なかなか、こんなふうに自由に解釈できないことも、実際はあると思います。

そこで全4回でお届けするこのコーナーでは、ネガティブな感情との上手なつき合い方をお伝えしていきます。

題して、「*Take a bird's-eye view of your life*」。

空を飛ぶ鳥の目で自分を眺めるように、自分の感情を客観視する具体的な方法を、これから授けましょう。


まずは、「自分の感情」を「他人」を見るように眺めてみます。湧き上がる思いや感情を一切否定せず、ジャッジ（判断）せず、ありのままの感情に寄り添ってあげるのです。


ついつい私たちは、自分の正直な感情を否定しがちです。

例えば、ほんとは「嫌い」って思ってるのに、「嫌いって思ったらいけないんだ。

## そうはいっても、そんなに

こんなふうに思う自分はダメだ」と自己否定してしまう。でも、「あの人、許せない！」と思ったって、全然いいんです。嫌いな人をムリに好きになろうとしなくていい。

**正直に、感じていることを「いい」「悪い」とジャッジせずに、そのまま受けとめてあげることが、最初の偉大な一歩です。**

「こんな自分はダメだ」と否定すると、心に抵抗が生まれます。

海で溺れているときに、すぐに水面に浮上する方法は、余分な力を抜くことです。感情を「いい」「悪い」でジャッジせず、そのまま感じてあげられたら、抵抗が減り、すっと水面に浮上できるんです。浮いてしまえば、呼吸もできるし、見晴らしもいいので、「じゃあ、どうしたいかな」と考えて、あなたが行きたいと思うほうへ行けばいいのです。

ネガティブな感情とはこうつき合う

STEP 1

## 嫌な感情が体のどこにあるか感じて、その感情に名前をつけてあげよう。

「嫌な感情」は、自分の中に住む「他人」（ヤンキー生徒）だととらえます。自分の感情を「他人」だととらえると、客観視しやすくなります。それに、ヤンキー生徒は認めてもらえないから悪さをするんですが、認めてくれる先生の前では、とてもエネルギッシュないい生徒に変わったりする。感情も一緒です。

怒り、不安、恐れ、嫉妬などのネガティブな嫌な感情は、あっていいんです。ただ、その感情の居場所をつくってあげればいいだけ。では、具体的にどうするか。

感情が存在する部位を特定して、名前をつけてあげます。

感情は体の感覚としてリンクしているので、まずは、「この嫌な感情は、体の

## そうはいっても、そんなにポジティブには考えられないよ……というあなたへ

どこで感じているだろう？」と自分に問うてみます。

◎責任を負いすぎていることからくる苦しみは「肩の荷が重い」と言われるように肩にあらわれることが多い

◎言いたいことが言えずに感情を抑圧しているときはのどに

◎「胸にぽっかり穴があく」というように、愛情の欠乏や孤独感や自己嫌悪は胸に

◎やりたくないことを我慢しているストレスは胃に（胃に穴があくと言うように）

◎不安や恐怖や怒りは下腹にある場合が多い

体の部位を特定できたら、次に、その感情に、かわいい名前をつけてあげます。

これにより、感情と自分を切り離し、より客観的に感情と接することができるようになります。

例えば、ある人から批判されて、モヤモヤしていたときに、僕がどうしたか。

まず、モヤモヤを感じている部位を特定します。そのときは下腹にあるように

感じたんで、その下腹のモヤモヤ感に「パピーちゃん」という名前をつけてあげました。そして仲のいい友だちに寄り添うように、パピーちゃんを感じてあげるんです。

3分くらい感じつづけていると、ふっとモヤモヤした感じがあったかくなってくるのを感じることもあります。

**嫌な感情は否定せずに寄り添ってあげると、ポッとあたたかくなるのです。**

これは不思議なんですが、ぜひ試してみてください。

モヤモヤした部分に、手で「よしよし」をしてあげるのも、とってもいいです。

## そうはいっても、そんなにポジティブには考えられないよ……というあなたへ



## 嫌な感情に口があるとしたら、なんて言ってるのか、言い分を聞いてあげる。

STEP1で体の部位を特定して名前をつけて寄り添ってあげたら、STEP2は感情の言い分（本音）を全部聞いてあげることです。

僕の場合は嫌な感情に「パピーちゃん」と名づけたわけですが、

「パピーちゃんに口があるとしたら、なんて言ってるんだろう？」

とパピーちゃんの言い分を全部聞いてあげるんです。

「パピーちゃん、そんなに怒ってるのはなんのせいなのかな？」

「なにがあなたをそんなに怖がらせてるのかな？」

「なにもかも大丈夫になったらどうなりたい？」

などと、全面的にパピーちゃんの感じていることを聞いてあげるのです。

感情をわかってあげると、「ほんとは大切にされたかっただけなんだ」とか「こんなことしたいんだ」などと、心の深いところにある「思い」が引き出されてきます。

それをありのままに認めてあげると、感情というエネルギーが今度はあなたの味方になってくれるのです。

**感情だってあなたを苦しめたいわけじゃないんです。ただね、認めてほしかったんだよ。**

（感情のことに関しては、僕は心理療法家の矢野惣一先生やスズキケンジ先生から学ばせていただきました。さらに深めたい方に、おふたりのご著書などはとてもおすすめです）

# Chapter 2

# イライラ
# スッキリ！

Q　いつも時間が足りない。

# ほんとうは、
# やらなければならない
# ことは、
# なにもない。

What a wonderful world!

# 「ほんとうは、やらなければならないことは、なにもない」

そう三度、声に出してみてください。
余分な肩の力が抜けるはずです。

## ふ～。

はい、抜けた。
本来、やらなければならないことは、なにもないんです。

マラソン選手って、めちゃめちゃ一生懸命走っていますが、なにを目指して走っていると思いますか？
ゴールを目指して走っているんです。

じゃあ、聞きます。
僕らの人生のゴールって、なんだと思いますか?
フェラーリを買うことですか?
素敵な家を建てることですか?
1億円稼ぐことですか?
いずれも違います。
僕らの人生のゴールは、死です。つまり、

**僕らの人生のゴールは**
**得たものをすべて手放すことなんです。**

裸で生まれて、すべてを手放してあの世に行く。
それなのに、得なければならないことなんかあるわけない。
やらなければならないことなど、あるわけがないんです。
花に、やらなければならないことが何ひとつないように。

*What a wonderful world!*

「やらなければならないことは、なにもない」
と考えると、少しラクになりませんか？
そのうえで、やりたいことをやってください。

## 「いまの人は、みんな何かしなければと思いすぎる」

日本を代表する心理学者・河合隼雄さんの言葉です。

最後に、ここだけの話。秘密の真実をあなたに明かします。
実は、あの世に持って還れるものが、ひとつだけあるんです。

それが……思い出です。

さあ、どんな思い出をつくろうか？

## Q　ポジティブな言葉なんか言いたくない。どうしてもグチを言いたい！

# グチを言ったあとに、「いい意味で」と加えるべし。

What a wonderful world!

グチを言いたくなったときは、遠慮なく言ってください。

ただし、グチを言ったあとに、

**「いい意味で」**

と加えてください。


これで、深刻になっている自分を笑い飛ばすことができます。ふっと心にスペースが広がります。おまけに、みんなの笑いもとれるため、場が和みます。

例えば、こんなふうに使います。


「なんかイラつく。**いい意味で！**」

「アイツだけは許せない。**いい意味で！**」

「これ、まずくない？　**いい意味で！**」

「あの上司ほんとおかしい！　**いい意味で！**」

「ほんとめんどくさい！　**いい意味で！**」

「ちょと太っちゃったかも。**いい意味で！**」
「会社、クビになっちゃった。**いい意味で！**」

これで、グチの重いヘビーなエネルギーはパンと明るくなります。
これで、グチを言うたびに笑いがとれます。
笑いが生まれたら、もうグチのエネルギーじゃないんです。

グチを明るい口調で言ったり、オペラ風に言うのもいい。

「**あの人、なんか、ムカつくな～♪**」
**オペラ調で（笑）**。

グチだって毒舌だって、笑いをとれれば、それは立派なエンターテインメントです。

What a wonderful world!

Q 仕事で疲れて帰ってきたのに
パートナーが
夕飯を作ってくれていなかった！

# 空腹時間と健康は
# 比例する。
# 空腹は幸福である。

What a wonderful world!

学生のころに、僕は武道を習っていました。そこですすめられて、1週間の断食を実践したことがあります。断食をすると、すべての感覚が鋭くなります。実際、その武道の創始者は、断食中に、家でふと視線を感じて振り返ったらネズミが見ていたといいます。そのエピソードを聞いた僕は、「マジで!?」と好奇心に火がつき、そんな体験をしたくて1週間、水だけの断食に挑戦してみたのです。

(みなさんは、急にまねしないでくださいね。断食は危険性もあるので、正しい指導のもとで行ってください)

2日目には、駅の階段を上るのさえきつくなってきました。でも、4日目あたりから慣れ始め、少しラクになります。ただ、そもそも、僕の家にはネズミがいなかったので、残念ながら、ネズミの視線には気づかずじまいでした(笑)。

この1週間の断食で、なにに一番感動したかというと、断食後の食事です。

1週間の断食後、初めて食べたのがおかゆ1杯に梅干しひとつ。

それがうまい、うまい。僕の人生史上、もっともおいしかった食事です。

いまだにあのときの感動を超える食事に出会ったことがないほどです。

一口おかゆを口に入れるやいなや、お米のうまみが全身を駆け巡りました。

空腹は最高のスパイスと言われる通り、空腹は、幸せの前半分なんです。

木村拓哉さんは以前、雑誌のインタビューで「間食はしない」と言っていました。食事をおいしく味わいたいからだそうです。

しっかり空腹の状態をつくってからごはんを食べると、それだけで、「しあわせ〜」って毎日実感できます。

# 「空腹」は「口福《こうふく》」なんです。

空腹には、さらなる効果もあります。

人間の体にもっとも負担をかけるのは、実は、食べることです。

コアラやパンダの睡眠時間は、1日10〜20時間。つまり、1日の大半をほぼ寝て過ごしています。それは、食べたものを消化するのに、膨大な時間とエネルギーが必要だから。

食事の量を減らすと体の負担が少なくなります。実際、貴重な体内酵素は、食べたものを消化するのにガッツリ使われてしまうのですが、お腹がすいてるときは体内酵素が消化に使われずに済み、体を健康にすることに使われます。

マサチューセッツ工科大学で「サーチュイン遺伝子（長寿遺伝子）」が発見されたのですが、その長寿遺伝子がどんなときに活性化されるのかがわかったんです。

それが……空腹のとき。空腹になると長寿遺伝子が活性化されます。

つまり、空腹の状態があることで、食事のたびにおいしく幸せを感じるし、長生きするし、体調も良くなるわけです。

## まさに「空腹」は「幸福」なんです。

仕事から帰ってきて、パートナーが夕飯を作ってくれていなかった日は、逆にふだんの感謝を伝えて、腸とパートナーを休ませてあげるといい。

僕は、7割の確率で、家に帰ってきてもご飯が作られてないので、このように自分に言い聞かせて、ここまでがんばってきました。

オチ、そこ？（笑）

## Q　口うるさい親にうんざり。

# うんざりすることが、あなたの「根っこ」を伸ばしてくれる。

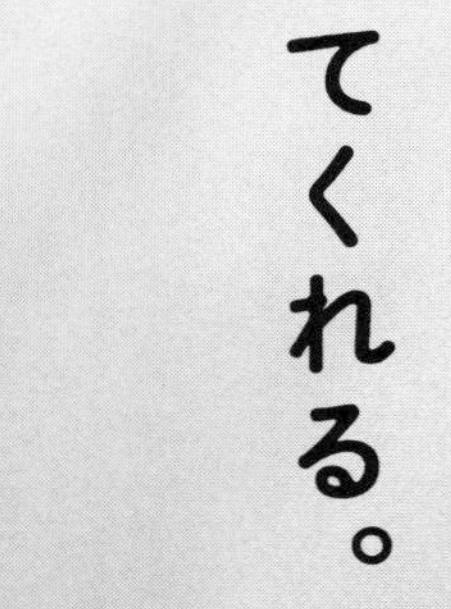

What a wonderful world!

誕生日から自分の個性を割り出す占星術の先生によると、僕は「子どもの星」で、「子どものような好奇心と行動力で、知識の幅を広げていく人」だとか。

子どもなので、ドロドロした人間関係は苦手ですぐに逃げ出す。

退屈な時間を過ごすのも苦手。そして、ダメ出しに弱い。

でも、その分、ほめられたらどこまでも上り続けるタイプだとか。

めちゃめちゃ当たっています！　なので、遠慮なく僕をほめてくださいね（笑）。


さらに、次のように言われて、僕は涙が出ました。

「子どもの星の人は、子どものような好奇心と行動力で、知識の幅を広げていきますが、『繰り返し反復する力』と『持続力』と『忍耐力』の3つがまったくありません。1どころか0です。まったくありません！」

この解説を聞いて、僕は涙が出たんです。

なんでだと思いますか？

それは、この3つの力こそ、僕の超得意分野だったからです。だからブログやメルマガも、2000日間毎日書き続けてこれて作家になれました。

なんで涙が出たのか、少し長くなりますが語らせてください。

子どものころ、僕は父が嫌いでした。

すごく厳しくて「勉強しろ」って毎日のように言われたからです。父がうるさかったから、僕は中学、高校と、一番の青春時代を、休日遊びにも行かず、家で8時間も10時間も勉強していました。

合コンなんか行くわけもなく、僕は独り、家でサイン・コサイン・タンジェントとか、「いい国つくろう鎌倉幕府」と向き合う日々……。お昼ご飯のあとの『新婚さんいらっしゃい！』を見ることだけが唯一、休日のホッとできる時間でした。

そんな僕は、何ひとつ面白くない陰キャになってしまって、大学時代、彼女もできないのは父のせいだと逆恨みしていた時期もあります。でも、でも、でも……。

そのおかげで、僕は、『繰り返し反復する力』と『持続力』と『忍耐力』がハンパなくついたんです。だって大嫌いな勉強ですら1日8時間もできたんです。大好きなことなら、もういくらでもできる集中力がつきました。

僕の最大の弱点を3つ、とうちゃんが小さいころから修正してくれていたんです。

僕が作家として19年も幸せにやれているのは、とうちゃんのおかげだったんです。

*What a wonderful world!*

「晴れの日は葉が伸びる。雨の日は根が伸びる」

コンサルタントの福島正伸先生の言葉です。

振り返ったときに、きっとわかる日が来ると思います。

**うんざりすることが、**
**自分の根っこを大きく伸ばしてくれていたことに……。**

いまなら、サイン・コサイン・タンジェントに感謝できます（笑）。

最後に一言だけ。
うんざりすることが命の肥料となるって話を書きましたが、どうしても辛いときは、逃げてもいいですからね。何度逃げても、命はやり直しできますから。

## Q　トイレ掃除が大キライ。やんなきゃダメ？



# 水回りは金回り。
# トイレをピカピカに磨くと
# 臨時収入がやってくる。

「どうして事件の起きる家は、こうも水回りが汚れているのだろう?」

これは、警察官たちの間で、ひそかに噂されている話です。

事件が起きる家というのは、洗面所、お風呂、トイレなどの水回りが汚れていることが、圧倒的に多いからだとか。

水回りには微生物が集まりますから、水回りが汚いと悪い微生物が集まってくる。

それも、なにか関係があるのかもしれません。

実際、水回りは、風水でも「めぐり」の象徴とされています。

血液のめぐり、お金のめぐりを反映するのが水回りです。

水回りをきれいにすることは、血液やお金のめぐりを良くすることなのです。

作家の小林正観さんも、「トイレをきれいにすると臨時収入がある」とトイレ掃除を推奨されていました。実際、正観さんの講演には、トイレ掃除をしたら臨時収入があったという方が溢れていました。なかには、「億」の宝くじが当たったという方もいました。

# 水回り＝金運

こう考えると、トイレもキッチンもお風呂も、掃除したくなってきませんか？

**ちなみに家を体に置き換えると、水回りは人体でいうリンパや循環器とリンクすると考えられます。**

したがって、水回りをきれいにすることで、血のめぐりなど、体の流れも良くなるため、健康にもいいのです。

というのも、脳には「空間定位」という働きがあるからです。空間定位というのは、例えば、車を運転していると、車のことを「これが私の体だ」と認識するようになるので、慣れてくると、自分の体のように自在に駐車できるようになりますよね？　あれが脳の空間定位の働きです。

この脳の空間定位の働きは自分の家ともリンクすると考えられるので、家と自分に相関関係が生まれてくるのです。

例えば、「誰とも会いたくない」と思っていると、玄関の呼び鈴が壊れたり、電話

What a wonderful world!

が故障したり……といったことが起きる。

さらに、ユング心理学では「水は感情や無意識のエネルギー」とされており、水回りをきれいにすることで、感情が穏やかになり、無意識のエネルギーが整うため、健康にもいいし、お金の循環も良くなるわけですから、水回りをきれいにすることってめちゃめちゃ大事！

**水回りこそ、**
**あなたの人生を好転させるスイッチだったんです。**

# Q レジに並ぶと、必ず遅いほうのレジに当たる。私って、運が悪い！



運が悪いのではなく、
宇宙の法則なので、
仕方ないと考える。

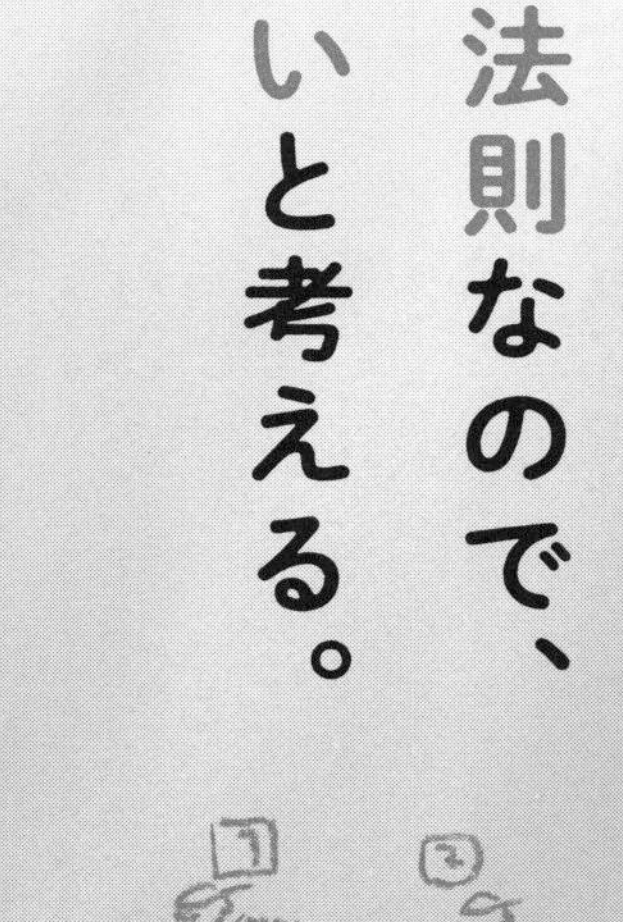

What a wonderful world!

幸せに生きるうえで、絶対に知っておかなければいけない法則は、そう多くはありません。今回お伝えする法則は、そのうちのひとつです。あなたの人生に決定的な影響をおよぼす重要な法則になることは間違いありません。

この法則は**「エトーレの法則」**と名づけられています。

アメリカ、ニューヨークに住むバーバラ・エトーレが発見し、1974年に『ハーパーズ』誌に手紙を送ったことで、この偉大な法則が話題になりました。しかし、日本では残念ながら、「エトーレの法則」はあまり知られていません。

この発見はレジだけでなく、すべてのことに当てはまります。銀行でも、スーパーでも、税関だろうが高速道路だろうが、どこでも当てはまります。これを知るのと知らないのとでは、あきらかに人生が変わってくるはずです。

その発見とは……、

## 「他の行列は自分の列より必ず早く進む」
## by エトーレの法則

「自分の列が遅い！」と思って、あなたが列を離れて他の列に移った途端に、もといた列が早く進みます。これも「エトーレの法則」のなせる技です（笑）。

**実は、ストレスの正体は、「思い通りにならない」ことなんです。であれば、「思い通りにしたい」という思いを手放せば9割のストレスが消えるのです。**

この場合、「自分の列が遅い」と思い通りにならないことにイライラしてるわけですが、並んだレジが遅いほうに当たるのは「当たり前」だととらえると、「私は運が悪い」なんて思わなくていいし、イライラが減ってくる。梅雨に雨が降っても腹が立たないように、当たり前だと思うと腹が立たなくなってきます。

ちなみに、

**「うっかりトーストを落とすとバターの面が下になる」**
**「お茶をこぼすと、大事な書類がある方向にこぼれる」**

というのは**「マーフィーの法則」**です（笑）。

問題を解決する方法は2つあるんです。
解決の「解」には2通りの読み方があります。

**「解《と》く」……答えを出す解決方法**
**「解《ほど》く」……問題自体を解《ほど》くこと**

そう、「解《ほど》く」とは、問題が気にならなくなることです。

つまり、気にしない。気にならない。
問題には、「気にしない」という解決法もあったんです。

思い通りにできることは、がんばる！
思い通りにできないことは、なすがまま。
思い通りにいかないことは、宇宙にお任せの、Let It Beでいいんです。

# Chapter 3

# モワモワ

# ほっこり

## Q 恋人を親友に奪われた。恋人も、親友も失った……。

# 大丈夫。
# 30年後、あなたは
# ほっと胸をなでおろし、
# その親友に感謝する。

What a wonderful world!

104歳（明治44年生まれ）のおじいさまのお話を聞かせていただいたことがあります。「104年の人生を振り返る」というシリーズの講演会で、おじいさまの初恋の思い出をうかがいました。

まだ若かりし学生のころ、初めてつき合った女性を親友に紹介したのだそうです。すると、徐々に恋人の雰囲気がなんとなくおかしいように感じ始めた。

そんなある日のこと。その親友と自分の恋人がデートしているところを目撃してしまった。親友に、初めての恋人を奪われてしまったのでした。

若かりしころのおじいさまは、ショックでショックで声も出ないほどでした……。

それから30年を超える月日が流れたある日のこと。

おじいさまは、新宿駅のホームで一人の女性に声をかけられました。「誰だろう？」と思って振り向くと、なんと、その昔の恋人ではありませんか！　30年も経っていたにもかかわらず、元恋人の彼女のほうが彼に気がついたのだそうです。

あの日から30年以上経った彼女の姿を見て……、

おじいさまは、ほっと胸をなでおろしたんだそう。

「あのとき別れておいてよかった」

と。（もう、ここで講演は大爆笑！）

**どんなに悲しかったことも、**
**いつかネタになります。**
**いつか笑える日が来ます。**

小学生のときの悩み、なんだかんだいって、乗り越えてきましたよね。
高校時代の悩み、なんだかんだいって、乗り越えてきましたよね。
だから、いまの悩みだって、大丈夫です。
なんだかんだいって、時間がちゃんと解決してくれる。
京都では時間が解決してくれることを「日にちぐすり」と言います。
1秒1秒過ぎ去る時間は、あなたの味方なんです。

What a wonderful world!

だから、

大丈夫だよ。

Q　大失恋。つき合っていた人に、
「実はあんまり好きじゃなかった」と
言われた。

# 失恋は史上最高の自分になれるチャンス！

What a wonderful world!

世界7大陸のうち6大陸の最高峰の登頂に成功。29歳になるころには、8000メートル峰の山を3つも単独かつ無酸素で登頂に成功した登山家の栗城史多《くりきのぶかず》さん。残念ながら2018年に35歳という若さで亡くなってしまわれたのですが、一度一緒に講演をさせていただいたことがあり、僕の心の中では今なお生きている冒険家です。見た目も体格も大学生のようで、どこにそんな体力と情熱を秘めているのか……と感じたものでした。

そんな栗城さんは、そもそも山が好きでもなんでもなかったのだそうです。夢もなく、毎日を漠然と過ごしていた。ただ、ひとつだけ希望がありました。それは、当時つき合っていた彼女と結婚すること。高校3年生のときからつき合い始めた彼女に、どういう人が好きなのか聞いてみたところ、彼女が答えた好きな人の条件は、

1　大学を出ていること
2　車を持っていること
3　公務員がいい

「それなら！」と、栗城さんは警備員のアルバイトをして必死にお金を貯め、大学

に入った。車も買った。これで彼女に認めてもらえる。そう思っていた矢先のデートでのこと。その日、彼女はまったく目を合わせてくれず、その理由を聞いても言ってくれない。彼女が最後に言った言葉は……、

「2年間つき合ったけど、あんまり好きじゃなかった」

彼女にフラれてしまったのです。

栗城さんは、家に閉じこもるようになりました。立ち上がる気力さえなく、寝ているだけ。しかも、ある日ふとんのシーツをめくると、自分の体の形にそって黒いカビが生えていた。このままではダメだ。なにかを始めなきゃ。

そう考えたときに思い出したのが、例の彼女のことでした。彼女は登山が大好きだった。どうして彼女が山に行くのか、彼女が見ていた世界を、実際に自分も感じてみたい。これが登山家・栗城史多さんの山との出会いになるのです。

## 悲しいときは、いっぱい泣いていい。

そして、カビが生えるくらい寝込んだら、いよいよ立ち上がるタイミングです。

What a wonderful world!

アメリカで、成功者たちに人生が大きく変わったきっかけを聞いたアンケートがあります。ベスト3は、病気、倒産、そして失恋でした。

## 大変なときこそ、大きく変わるチャンスとなるのです。

最後に、もう一度、栗城さんのこと。

栗城さんは、自らの心に従い、人生を冒険家として生き抜きました。そういう意味で、とても幸せな人生だったと思います。

幸せは時間の長さではありません。

1万4000年もの間、争いの形跡がほぼ見当たらない、世界的にも例がない幸せな時代である縄文時代を生きた縄文人の平均死亡年齢は、31歳だということが分析の結果わかっています。

30歳で亡くなることが不幸なら、縄文人はほぼみんな不幸だったことになる。

幸せは時間じゃないんです。

自分の本心に従い、自分の心をどれだけ表現できたか、そこに尽きるのです。

二度とない人生、思いきり泣いたあとは、さあ、立ち上がりましょう！

## Q 結婚生活○年。夫婦ゲンカが絶えない。もう疲れた。こんなときは？



# いい意味で、あきらめる。するとと逆にラブラブになります。

What a wonderful world!

先日、ある会社にうかがったら、こんな貼り紙がしてありました。

# 「いい家内　10年経ったら　おっ家内」

思わず激しくうなずいていました（笑）。

友人の例でお伝えしましょう。

僕の友人は、奥様と、もう10年以上も、毎月大ゲンカをし続けていた。

でも、あるときを境に、急にケンカをしなくなり、家にいても居心地が良くなったのだそう。友人は不思議に思って、奥様に聞いてみました。

「最近、すごく家の居心地がいいんだけど、なにかあったの？」

すると、奥様は言いました。

「あなたには期待しないことにしたの」

どこかに行こうと約束しても、彼は二日酔いで行けなくなることはしょっちゅう。

そのたびにケンカになっていた。

でも、あるときから奥様は、彼に期待しないことにした。いまは出かけようと言っているけれど、その日になってみないとわからない。そう考えるようにした。すると、奥様はイライラしなくなったそうです。

そんな奥様を見て、彼も心を入れ替えました。例えば昔だったら、夜中にお腹がすいたときは、奥様に「なにか夜食作って」と頼んでいたのが、いまは自分でラーメンを作り、自分で食器を洗うようになった。自分でできることは相手に期待しない。すると、いつの間にやら、ふたりの仲が良くなってきて、なんとこのたび、4人目の子どもが生まれました。わーーーー。

相手に期待しないって、素晴らしい！（笑）

「あきらめる」のそもそもの意味は、

**「ものの道理をしっかりとらえ、**
**原因、結果を明らかにすること」。**
**つまり、あきらめるとは、**

What a wonderful world!

## 明らかに眺めることをいうのです。

何度言ってもできないことは、「この人はこういう人だ」と明らかに見てあげればいい。そのうえで、相手の短所ではなく、長所とつき合っていけばいいのです。

相手を変えようとしていたときはケンカばかり続いていた。

でも、相手を変えようとするのではなく、相手をそのまま受けいれたら、ふたりの関係が変わったのです。

## 心を受けいれると書いて「愛」という字になります。

関係性というのは、「私」と「あなた」でつくるもの。

だから、自分が変われば、関係性は一瞬で変わるのです。

Q 近くにいる人が、ため息をついたり、
「しんどい」「めんどくさい」などの
ネガティブワードが口癖で、正直、疲れる。

この人は、
しんどがるのが
「趣味」なんだと思う。

*What a wonderful world!*

「人は、ポジティブであらねばならない」という信念があると、ネガティブな人を裁きがちになってしまいます。ただ、よく考えてください。

**不平・不満・グチがあるから、それを解決するためのサービスが生まれて僕らの生活は便利になってきた歴史があるんです。**

ネガティブにも役割はあるのです。

**どっちがいい、ではなく、どっちもいい。**

どっちにもそれぞれの良さがある。それくらいゆとりを持たせておくと、おおらかになれます。

そもそも、いい・悪いで考えるから、悪人が生まれます。そこに裁きが生まれます。そして、究極、戦争になります。善と悪はコインの裏表でセットです。

# 善悪ではなく、上下でもなく「趣味（好み）の違い」だと思ったら、裁かなくなります。

オーケストラが好きなのか、ロックが好きなのか、演歌が好きなのか。はたまたカレーは辛口が好きか、甘口が好きか（ひすいはカレーは断然甘口派です）。それくらいの違いとして認識しておけば、ケンカになりません。いい・悪いでジャッジせず、すべては「趣味の違い」と考えてみてください。

## 「芸風の違い」ととらえてもOK！（笑）

すると、人に対して優しくなれます。

こんなふうに考えることもできます。

「疲れた」「辛い」「めんどくさい」「嫌だ」「嫌い」「やりたくない」「でも、だって……」などのネガティブワードを吐く人たちを小学1年生としましょう。

「うれしい」「楽しい」「ありがとう」「大好き」「ツイてる」「愛してます」などのポジティブワードが口癖になっている人を小学2年生とします。

1年生には1年生ならではの体験があるし、2年生には2年生の体験があります。どちらも大事な1年間です。

ネガティブワードが口癖の人たちは、いま、そういう時期なのです。それがいつまでも続くわけではない。また、あなたはあなたで、そういう人がいるなかでも影響を受けず、自分は明るく過ごせるのか。それが試される時期にいます。

**「いまはそういう時期」**

という見方をすることも、覚えておいてくださいね。

ラブ&ピースは、いい・悪いとジャッジしないところから始まります。

**他人を裁かない＝自分を裁かない、ということ。**

僕らが内側を裁かなくなったとき、外側の世界からも戦争はなくなっていることでしょう。

**Q** 会社にいる人がいやだ……。
妻がいやだ……。
夫がいやだ……。

# すべてがあなたに
# ちょうどいい。

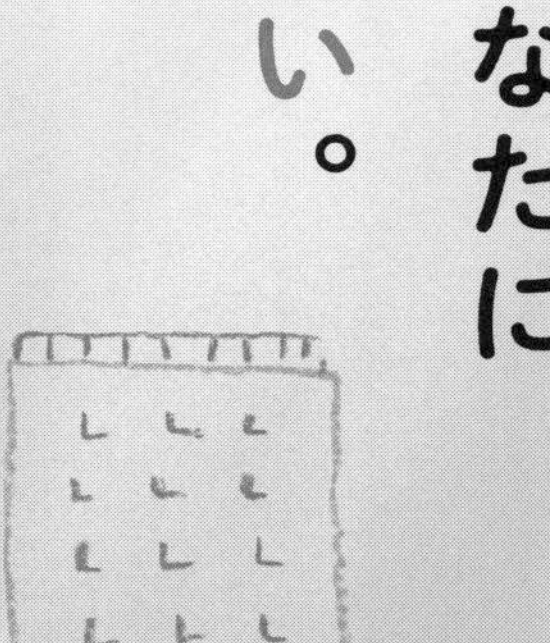

What a wonderful world!

お釈迦様が、弟子に語った言葉があります。
仏典の『大蔵経』に記されている言葉です。

「すべてがあなたにちょうどいい。
いまのあなたに、いまの夫がちょうどいい。
いまのあなたに、いまの妻がちょうどいい。
いまのあなたに、いまの子どもがちょうどいい。
いまのあなたに、いまの親がちょうどいい。
いまのあなたに、いまの兄弟がちょうどいい。
いまのあなたに、いまの友人がちょうどいい。
いまのあなたに、いまの仕事がちょうどいい。
死ぬ日もあなたにちょうどいい。
すべてがあなたにちょうどいい」

いま目の前にいる人、あなたの環境、起きる出来事、そのすべては、いまのあなたにちょうどいい、必要なことが起きているというのです。

「そうはいうけど、これは絶対アイツが悪い！　嫌いだ！」
そう思うときだって、ありますよね？

僕も「これは妻が悪い！」って思うことが多々あるので、よくわかります（笑）。
でも、「あの人が悪い、あの人は嫌な人だ」となにかのせいにしている限り、自分自身は変えなくていいのですから、いわば安全圏にいるということになります。
それでいいのでしょうか？
僕らは、自分を成長させるために生まれてきています。

**人のせいにするために、**
**生まれてきたわけじゃないんです。**

だったら、なにが起きてもそれをバネにして、自分を変え続けていけばいい。

**外で起きることをバネにして、内なる自分の心を変える。**

*What a wonderful world!*

**それこそ、僕らが生まれてきた真の意味です。**

それに、冒頭のお釈迦様の言葉は、逆にいえば、いまのあなたが変われば、すぐにそのあなたにちょうどいいことが起きるということです。

僕にも、こんな体験があります。

僕はいつも、ふだん本を読まない人にも、わかりやすく楽しく伝える方法を模索しています。いつもいつも、どうしてこんなにも、本を読まない人にもメッセージを届けたいと、工夫を施しているんだろうと疑問に思ったときに、わかったんです。

僕の一番近くに、まったく本を読まない人がいることに……。

**そうか！　僕はまったく本を読まないカミさんにも**
**伝わるようにメッセージを届けたかったんだって。**

僕はこれまで、カミさんの鬼嫁伝説を著書の中でたくさん書いてきました（笑）。

でも、このとき、ようやく、この人でよかったんだと、心から思えたんです。

カミさんと価値観が合わないから、価値観が合わない人にも伝わるように工夫するようになったし、カミさんは本を読まないので、本を読まない人にも伝わる書き方を工夫するようになりました。作家の僕にとって、価値観が合わず、本をまったく読まないこの妻こそ、最高のパートナーだったんです。

そのとき、初めて心から、カミさんはこのままでよかったんだと思えました。

するとなんと、鬼嫁であるカミさんが、優しくなり始めたんです。

昔は、僕にフケが出ると、きれい好きなカミさんは、僕がパソコンで原稿を書いてようが、気にせずいきなり背後から肩元に掃除機をかけてきたりしていました。ビックリして心臓が止まりそうになったことも多々あります（笑）。

それがいまでは、「最近、またフケ多いね。締切近いの？　私が明日シャンプーしてあげようか？」とシャンプーまでしてくれるようになったのです。

朝早いときも、カミさんまで早く起きて車で駅まで送ってくれたりもします。

What a wonderful world!

え？　ひょっとして鬼嫁にしてたのは、俺が原因だった？

僕が変わったら、妻も変わったのです。

「すべてがあなたにちょうどいい」

これ、ほんとうなんです。


あなたの周りにいる人は、自分が映っている鏡だと思ってみてください。


**鏡は先に笑わない。**

**自分が変われば、すぐ鏡に映る世界も変わります。**

**Q** 言うことを聞かない子どもに
ムカッときて、
キーッとなってしまう。

**子どもは親を助けに、
天国からハーハー
走ってきてくれた
「天使」だと思ってみる。**

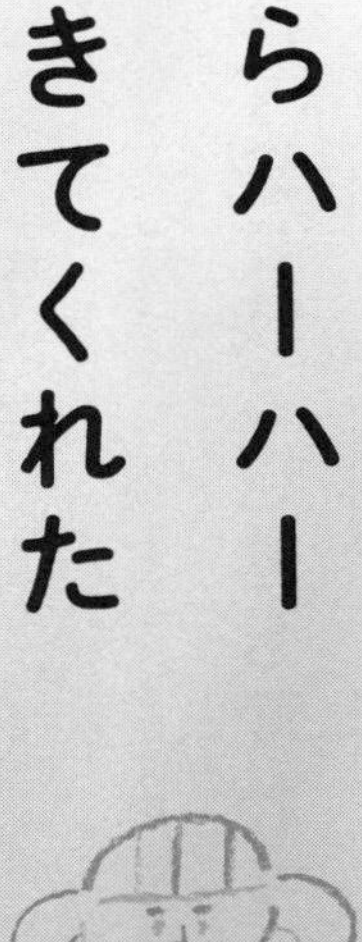

What a wonderful world!

子育ての雑誌で連載を持っていたのですが、その連載から子どもたちの名言を集めて、『世界で一番かわいい名言』（祥伝社黄金文庫）という本を作りました。

名言のなかでも、とくに多かったのが、生まれてくる前の記憶を持つ子どもたちの言葉。

みんな一様に「ママを助けるために生まれてきた」って言うんです。

友人のお子さんも、こんなことを言っていたそうです。

「さらちゃんはね〜、ママを助けるために生まれてきたんだよ。

天国でね〜、みんな並んでいたんだけど、走って追い抜いて、急いで来たんだよ」

子どもはママを助けるために、がんばって走って、急いで追い抜いて来てくれたと思えたら、「ちょっとは優しくしなきゃ」と思えませんか？

僕は、自分のふたりの子どもに対しては、明石家さんまさんの言葉、

**「生きてるだけで丸儲け」**

という気持ちだけなんです。

「僕のところに来てくれてありがとう」
そんな気持ちです。

『星の時計のLiddell』（内田善美、集英社）という漫画で、
「子どもは未来からの客人だ」というセリフがあります。

**自分が決して見ることのできない**
**未来社会で生きる未来人たちが、**
**過去を学びにやってきた存在。**
**それが子どもだと。**

「だからいいもてなしをしてやりたい。未来に帰って幸福なみやげ話ができるように」って。

What a wonderful world!

ほんとにそうだなって。携帯電話が毎年進化するように、子どもたちは大人より進化していて、この星の未来を見せてくれる先生だと言えます。

「子ども」＝「未来からやってきた先生」と見ればいい。

子どもはいろんなことをしでかして、親であるあなたの器と愛を広げようとしてくれている未来からの客人なんです。

**子育て＝親育て**

それが真実です。

Q　デカすぎるくしゃみをしたら、
パートナーに怒られた！



ついにパートナーを、
人気の星野リゾートに誘い、
「これまで我慢してくれて
ありがとう」と
ねぎらうときが来た！

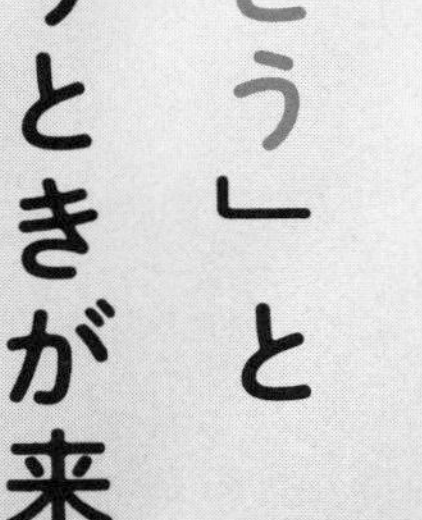

What a wonderful world!

パートナーに「くしゃみがデカすぎてムカッとくる」と言われたら、それは、「いま大人気の星野リゾートに、パートナーと一緒に泊まりに行くときが来た！」と、とらえることです。

なぜなら、パートナーがあなたのくしゃみにムカッときたこと……それは、くしゃみだけの問題ではないからです。

なぜなら、あなたのくしゃみは、つき合った当初からデカかったはずですから（笑）。でも、そのころは、パートナーは気にならなかったんです。

**水は100度にならないと沸騰しないように、80度、90度までは、パートナーはあなたをいっぱいいっぱい許してくれていたのです。**

けれども、これまでの我慢の積み重ねで、パートナーの限界である100度を超えてしまった。そこが問題なわけです。100度を超えてしまった僕が言うんだから、間違いありません（笑）。

この状況になったら、まずはいったん自分の言いたいことを手放して、心をこめて相手と向き合い、相手の感じている不満に、誠心誠意、耳を傾ける以外に道は残されていません。

相手が100%正しいと仮定して、傾聴するのです。

Dead or Alive?

道はそのどちらかしか残されていません（笑）。

**今日まで、よくぞ99度まで我慢してくれたと、**
**パートナーを抱きしめて**
**感謝するときが来たのです。**

What a wonderful world!

Q いい出会いがまったくない！
いったい、素敵な人は
この世のどこにいるのか？

ここにいない人に
目を向けるのではなく、
半径3メートル以内
の人に目を向けよう。

子育て中のビジネスパーソンのための
新教育ニュースレター
Discover Edu!
無料会員登録で「特典」プレゼント！

「出会いがない」と嘆く人は、いま持っていないもの・ところばかりに目を向けているものです。

カリスマ結婚コンサルタントとして、多くのカップルを生み出してきた白駒妃登美《しらこまひとみ》さんはこう言っています。

**「素敵なご縁に恵まれない人の共通点は、素敵な人の前だけで、いい顔をすること」**

このとき一緒に聞いていた、なかなか結婚できない僕の友人は激しくうなずいてました。心当たりがあったようです（笑）。

白駒さんは言いました。

「才能やお金は、持っている人もいれば、持っていない人もいます。でも、ご縁は誰もが持っています。だから、誰があなたに素敵な人を紹介してくれるかわからないんです。いま周りにいる人たちをちゃんと大切にすることが、新しいご縁を広げていく秘訣です」

あなたがいい顔をしなかった人の友人に素敵な人がいたりするわけですね。

一方、心理学博士の小林正観さんは、例えば弁護士や税理士などの専門家を探したいときや、恋人がほしいときには、仲のいい友人10人に声をかけて頼んでみることを推奨されていました。

いい人の周りにはいい人がいる。
だからいい出会いを果たせるのだそう。

**つまり、常日頃から人間関係を大切にしていれば、なにごとも困らないというわけです。**

いまないい出会いは、いまある出会いの中からつながります。

だから、いつだって大事なのは、
いま目の前にいる人なのです。

**Q** 子どものダンス発表会。一緒にたくさん練習したので、本番を楽しみにしていたら、娘は舞台で失敗。娘も私もショックで……。

# 大事なのは、結果より、一緒に練習したときの思い出。

What a wonderful world!

「すっごく救われたので、ぜひ本に書いてください」って頼まれたお話を紹介しますね。

あるお母さんが、小学生の娘さんのダンス発表会をすごく楽しみにしていました。

衣装もかわいいのを用意したし、ずっと娘さんの練習につき合って応援してきた。

そして、本番。

娘さんの衣装の一部が取れてしまい、娘さんはそれが気になって、落ちた部分を拾って衣装に付けるも、また落ちて……の繰り返し。ダンスに集中できないまま、発表会が終わってしまいました。娘さんもショックを受けていましたが、何よりお母さんは、娘さんの気持ちを思うといたたまれなくなり、娘さん以上に落ち込んでいる状態でした。

その話を聞いた僕は、こう伝えました。

「娘さんとダンスを一緒に練習したその時間こそが、ほんとうのダンス発表会ですよ。結果は出なかったとしても、一緒に練習して、一緒に悔しい思いをした、その思い出が何より、かけがえのない思い出であり、それこそが、ダンス発表会のほんとうの価値です」

すると、その方は、「そんな考え方がすぐできるなんてすごい！」と僕を絶賛してくれたんですが、そんな考え方ができたのには、タネも仕掛けもあるんです（笑）。

僕の「ものの見方」の恩師の一人は、最初に入社した会社の社長さんです。

とってもユニークなものの見方をする人でした。

あるとき、社長にこんなことを話してる社員がいたんです。

「子どもが運動会の準備を一生懸命がんばっていたにもかかわらず、雨が続いて、運動会が中止になってしまい、かわいそうだ」と。

そのとき、社長はこう言ったんです。

**「運動会って、何も本番当日だけが運動会じゃないんだよ。**
**そのための準備すべてが運動会なんだ。**
**息子さん、準備がんばってたんでしょ？**
**それは素晴らしい運動会だったんだよ」**

What a wonderful world!

その社員の表情は一変。笑顔になりました。

「ものの見方」って、一瞬で人を笑顔にさせてあげられるんだ。すごい!!!

当時、いつか僕もそんな考え方ができるようになりたいって思ったものでした。

## 見方次第で、1秒で世界は変わるのです。

## Q 娘がいい歳なのに、結婚せず困っています。

# 困っているのは、娘さんではなくお母さんです。

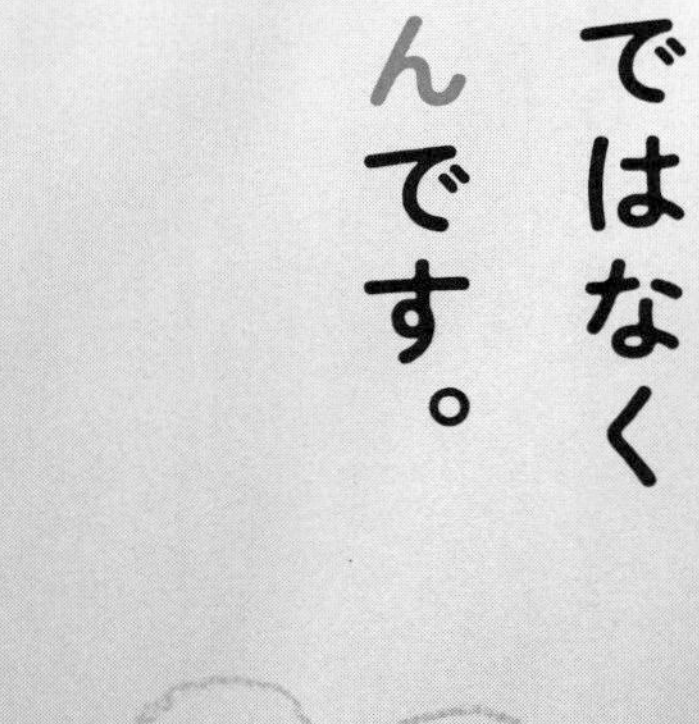

What a wonderful world!

前項で、僕の「ものの見方」の恩師の一人が、最初に入社した会社の社長さんだと伝えました。すごいユニークな「ものの見方」をする人だったんです。

ある日、「娘がいい歳なのに、結婚せず困っています」という相談をある母親から受けました。

すると、社長はこう言ったんです。

「娘さんに、早く結婚して不幸になってほしいってことですね？」と。

お母さん「もう、違いますよ！！！　早く結婚して幸せになってほしいんですよ」

社長「でも、娘さんは、いま、結婚してなくても幸せそうなんでしょ？」

お母さん「あ……は、はい……」

社長は続けて言いました。

**「結婚する目的は、娘さんが幸せになることでしょ？**
**で、いま、娘さんは幸せそうなんでしょ？**
**じゃあ、どこに問題があるんですか？」**

するとと、またたく間にお母さんは笑顔になりました。一件落着。



ものの見方ひとつで世界を変える社長が、ほんとうにかっこよく見えました。それで、子犬のように社長について回っていたんですが、そんな僕を社長は気にいってくれて、いろんな人の相談にのるときに、僕も同席させてくれるようになったんです。

そんな社長の、ものの見方エピソードの中で、僕が一番好きなものを紹介します。

その日は、ある親子が社長のもとに相談に来られていました。

娘さんが、友だちに誘われて行った、ある宗教の会合で、お守りを買わされたらしいのです。でも、帰り道にそのお守りを持っているのが嫌になってしまい、とっさに川に投げ捨ててしまいました。すると、その日から娘さんは眠れなくなり、「お守りを粗末にした祟りでしょうか?」と深刻になっていました。

社長はなんと答えるか、僕は興味津々に聞いていました。

すると、社長は、想像とは違うリアクションをしました。

「お守りを川に投げ捨ててしまったんですか?

それはちょっと大変なことをしてしまいましたね」と。

What a wonderful world!

その親子は一層、深刻な表情になりました。
社長は次にこう言ったんです。

**「捨てる前に、お〇っこかけて捨てればよかったのに」**

一瞬、沈黙があったあとに、みんなで大爆笑。僕も笑っていました。
後日、あの日から眠れるようになったとうれしい報告が。

社長に聞いてみました。
「あれ、なんだったんですか？」と。

**「眠れなくなったのは、祟りでもなんでもなくて、自分で怖くなってそうさせただけ。犯人は自分。だから、笑えたら、おしまいなんだよ」**

## Q 部下が、まったく思い通りに動いてくれない。

# その前に、自分のことも思い通りに動かせませんよね？

あなたは、自分を思い通りにできていますか？

「5キロやせたい」と思ったら1ヵ月でやせられて、部屋もいつもきれいに整えておけて、やらなければならないことにも、いつもすぐにとりかかることができますか？

難しいですよね？　僕もムリ（笑）。

人は、自分自身すら思い通りにできない。

**ましてや、他人を思い通りにできるわけがない。**

だから思い通りに動いてくれないことに不満を持つのではなく、思い通りに動いてくれることこそ奇跡としてとらえて、日々感謝することが先。

人は自分に文句を言う人のために、なにかやってあげたいとは思わない。

自分を大切にしてくれない人のために、旅先でおみやげを買おうとも思わない。

でも、自分に対して感謝の念を抱いてくれている人のためなら、なんとかして力になってあげたいと思うのが人です。

**人は、自分に感謝の気持ちを持ってくれる人にこそ、ついていきたいと思うもの。**

上司の一番大切な仕事は、部下に感謝することです。

成長とは、大きくなることではなく、
小さなことに感謝できるようになること！
だからって、ここだけフォント小さくしなくてもよかったよね（笑）。

*What a wonderful world!*

Q 絶対に私は正しい！
あの人が間違っている！……と、
確信しているのだけど……。

そうだよね。
でも、100%、
相手もそう思っています。

What a wonderful world!

「お金があったら幸せ」

これって、誰にとっても真実だと思いますか？

世の中にはお金があっても不幸だという人は、たくさんいます。

過去には1億円が捨てられていた事件だってありました。

お金を捨てたい人だって、この世には存在するんです。


では、「健康で長生きできたら幸せ」

これは真実だと思いますか？

いや、違います。

世の中には「早く死にたい」って思っている人だっています。


このように、100％誰にでも当てはまる真実は、この世にありません。

ただひとつをのぞいて。

# 実は、誰にでも当てはまる真実がひとつだけあるのです。

それは「自分は正しい」と思っていることです。

これは、みなが100%そう思っています。

「自殺しよう」と思う人だって、「この状況では、こういう選択をするしかない。自分は正しい」と思っています。

みなが「自分は正しい」と思っているからこそ、人類の歴史から一度だって戦争がなくなったことがないんです。

相手が間違っていると思うとき、相手もあなたをそう思っていることに、まず気づきましょう。それが偉大な第一歩です。

What a wonderful world!

そのうえで、次のステップは、相手の立場に立ってみること。
それに関しては、次の話をお読みください。

Q 職場に嫌な上司がいて
毎日仕事に行くのが辛い。

嫌な上司も正しい。
一度そう考えてみよう。

ふたりの小さな子どもたちが、電車の中で大声を出しながら騒ぎ、走り回っていた。その騒ぎに、他の乗客たちは顔をしかめています。しかし、そのお父さんは、子どもたちを注意することなく窓の外を眺めている……。

ベストセラー『7つの習慣』（キングベアー出版）の著者であるコヴィー博士が、電車でそんな光景を目にしました。コヴィー博士はそのお父さんに近づき、「子どもたちが騒いでいるので注意してほしい」と伝えました。

するとお父さんは、ハッとして顔を上げ、「あ、すいません。そうですね。注意しないといけないですね」と大変申し訳なさそうに謝ったそうです。

そしてお父さんはこう続けた。

「すいません。ちゃんとしないといけないのですが……。

実は今日、妻が亡くなったばかりで、これから子どもたちに、どのように君たちのお母さんがいなくなったことを伝えればいいか、ちょっと思案していたものでしたから……」

この言葉を聞いた瞬間、コヴィー博士にパラダイムシフトが起きたそうです。

人生に対して目がひらかれる思いがした。

# どんな相手にも、そうならざるをえなかった状況がある。

嫌いな上司にだって、そうならざるをえなかった過去があるのです。

一度、完全に相手の立場に立とうと思って話を聞いてみてください。相手の弁護士になったつもりで。

すると、世界はまったく新しく見えてきます。

相手の立場から世界を見ようと心がけることで、初めてわかり合えることもあります。


例えばうちの妻は、ものすごくきれい好きで、すぐ部屋を散らかしてしまう僕は毎日叱られていました。先に、僕の肩にフケがあるだけで、いきなり肩元に掃除機をかけられる話を書いた通りです。

なんで妻はそんなにきれい好きになったのか、ルーツをさりげなく掘り下げてみると意外なことがわかりました。妻がまだ子どものころ、ご両親が食品会社を立ち上

What a wonderful world!

げて、下が工場、上が自宅という家で暮らしていたのですが、ご両親は仕事が忙しく、部屋が汚れていても掃除する余裕がありませんでした。ほかの家族もなにもしないなか、部屋の汚れが気になった妻が、「私がこの家をきれいにしなければ」と思って生きてきたからだとわかりました。

つまり彼女の「きれい好き」は、愛ゆえに生まれた責任感からだったのです。

僕の肩に、フケひとつ見つけてもクイックルワイパーをせざるをえない背後には、彼女の愛があったのです（笑）。

100％相手の立場に立って考えてみて、それでも上司が悪い、相手が悪いと思えたらどうしたらいいか？

そのときは、相手に渾身の右ストレートを繰り出してください。

自己責任でお願いします（笑）。

**Q** 誕生日なのに誰からも誘われない。
予定がない。メールがない。
寂しすぎる！

# 自分の誕生日は
# お母さんを祝う日。

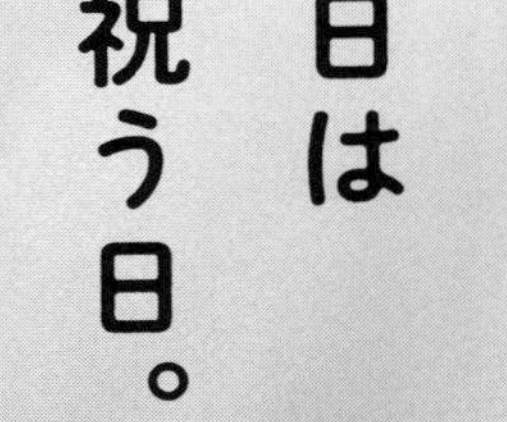

What a wonderful world!

ひすいこたろうの永遠のライバル、福山雅治さんは、毎年2月6日にお母さんに花束を贈っているそうです。

「自分の誕生日に一番がんばってくれたのは、お母さんだから」という理由です。

さすが、わがライバル。粋なことをします（笑）。

そう。福山さんにとって、誕生日とは、お母さんに「産んでくれてありがとう」と伝える日なのです。

一番身近な人を一番大切にしている人は、人として信頼できる。

そう思いませんか？　何より、とても素敵です。

そんな素敵な人を、天が放っておくはずがない。

きっと次の誕生日までに、あなたの誕生日を祝ってくれる素敵な人との出会いがあることでしょう。

## 自分では絶対に起こせない奇跡があります。それは……生まれてくることです。

あなたが生まれてくることができたのは、
あなたが起こした奇跡ではなく、
あなたの両親が起こした奇跡です。
直接感謝を伝えるのが恥ずかしければ、手紙でもいいでしょう。
それでも恥ずかしければ、もうこの際、

## 手話で！（笑）

ご両親に、もう直接伝えられない人は、想いをこめて、空に向かって伝えてみてください。

「産んでくれてありがとう」と。

*What a wonderful world!*

# 「ありがとう」

その言葉は、天国にも届くから。
誕生日は、自分のルーツに感謝する日です。

## Q　大切な人が亡くなった……。



人は二度死ぬ。
肉体の死と記憶の死。
あなたの記憶の中で
生きている限り、その人は、
まだ生きています。

小学校のとき、僕は戸締りを何回もしないと、不安で寝られなかったんです。そのときに、水滴でくもった窓に、指で「こうふく（幸福）」と書いていました。子どものころ、なんで、そんなことをしていたのか、と自分でもわからなかったんです。

ただ、僕の心の奥の奥には、なにか、得体の知れない恐怖感があるということは薄々感じていました。

その封印されていた記憶が、ある日突然、よみがえったんです。

僕が幼稚園児だったとき、大好きな先生がいました。でも、ある日突然、その大好きだった女性の先生が殺されてしまったのです。

幼心にその事件は衝撃的すぎて、自ら記憶を封印し、その事件のことは完全に忘れていたのですが、その封印されていた記憶が、作家になってから、突如、よみがえったのです……。

ちょうどそのころ、心理療法の講座に通っていて、講座の中でトラウマと向き合うワークがありました。二人一組で、「そのとき、ほんとはどうしたかったんですか？」

と聞き合うというワーク。僕は、その幼稚園時代のトラウマでワークをやってみようと思ったんですが、ほんとはどうしたかったかと聞かれても、困るなーと思いました。だって、そのとき、僕は幼稚園児です。なにもできることはない。

そう思っていたんですが、いざ、「そのとき、ほんとはどうしたかったんですか?」と聞かれたとき、自分でもビックリするような言葉が口から飛び出しました。

**「犯人を幸せにしたかった」と……。**

だって、犯人が幸せなら、先生を殺すことはなかったでしょうから。

そのとき、ハッとしました。

いま、僕は、人はどうすれば幸せに生きられるのかを伝える作家として、70冊を超える本を書き、そのことで、全国に素敵な仲間ができました。この活動ができることに、いま、心からの喜びを感じています。

なんでこんなことができるようになったのかと考えたときに、気づいたんです。

What a wonderful world!

## それは先生のおかげだったと。

そう気づいた瞬間、涙が溢れました。

人生をかけて向き合うべき問い、「人は、どうしたら幸せに生きられるのか？」というテーマを先生がプレゼントしてくれたんだ。
先生はずっと僕の中で生きてくれていて、この道に導いてくれたんだって、そう思えたんです。先生はずっと僕と一緒だったって。
僕の天使として、守護霊として、神様として、僕が忘れていてもなお、僕の中で生きて導いてくれていたんだって。

人は肉体を離れたからといって、存在が消えることはないんです。

**あなたの細胞の中の記憶として**
**大切な人は生きている。**

いつも、いまここにいて、あなたを優しく包み、見守ってくれています。

**「人は二度死ぬ」という言葉があります。**
**一度目は、肉体の死。**
**二度目は、みなの記憶から消えたとき。**

僕はこのことで、それがわかったんです。
忘れていても、先生は僕の中で生きていた……。
記憶の中でではなく、細胞の中で先生は生きていた。
だから、ずっと僕は、「人は、どうしたら幸せに生きられるのか？」という問いと向き合ってくることができた。
その結果、この本を書けて、今日、僕はあなたと出逢えました。
出逢ってくれてありがとう。
この出逢いをつくってくれたのは、先生です。

先生ありがとう。大好きです。

## ジティブには考えられないよ……というあなたへ

人は、認めてもらってからじゃないと、なかなか新しい一歩は踏み出せません。感情も一緒。まず受けいれ、認めてあげることです。

受けいれるためのとてもカンタンな手法があるのでご紹介します。

小玉泰子さんが生み出された、内なる叡智につながる「まなゆい」という言霊メソッドで、僕も「まなゆい」インストラクターの資格を取ったほど、大事だなと思っていることです。

どんな嫌な自分であろうとも、

**「私は、□と思った自分を受けいれ、認め、ゆるし、愛しています」**

と、4つの言葉で自分の素直な気持ちを全肯定していきます。

例えば上司にムカッときたら、

「私は、ムカッときたと思った自分を受けいれ、認め、ゆるし、愛しています」

と、自分の感情を肯定してあげるのです。

具体的なやり方として、不安、迷いなど、気持ちがモヤモヤするとき、自分のありのままの正直な感情や気持ちをそのまま次の空欄に入れて認めていきます。

**「私は、□と思った自分を受けいれ、認め、ゆるし、愛しています」**

例えば、すぐに他人の目を気にしちゃう自分が嫌いだとしたら、

「私は、**他人の目を気にしすぎる自分が嫌い！**と思った自分を受けいれ、認め、ゆるし、愛しています」

と言います。

その次に湧き上がってくる感情を、同じように繰り返し全肯定していきます。

「そうはいっても、そんな自分を好きになれない」という思いが湧いてきたら、

「**そうはいっても、そんな自分を好きになれない**と思った自分を受けいれ、認め、ゆるし、愛しています」

と言います。

## *Take a bird's - eye view of your life*

〜ネガティブな感情との上手なつき合い方　その②〜

次に、「だって、人に嫌われたらひとりぼっちになってしまうから」というふうに恐れが出てきたら、そう思った自分を受けいれ、認め、ゆるし、愛します。

これを僕の場合は、朝のお風呂の中で5〜15分くらい、自分の心がスッキリするまで、ひたすら湧き上がる思いを4つの言葉で全肯定していきます。途中「お腹がすいたな」と浮かんでも、「**お腹がすいたな**と思った自分を受けいれ、認め、ゆるし、愛しています」と、浮かぶものはなんでも全肯定していきます。

慣れてきたら、声に出さずに頭の中でつぶやくだけでオッケー。

湧き上がる感情をひたすら全肯定していくと、ギリシャ神話のパンドラの箱のように、最後に内側から希望が出てきます。

「まなゆい」で、モヤモヤが消えてスッキリしてきたら、今度は、「では、どんな自分になりたい？」と質問してみるといいです。

それで「こんなふうに生きたい」とか、希望が浮かんできたら、それも同じように「まなゆい」します。

モヤモヤではなく、夢や希望を「まなゆい」する際は、先ほどのように「〇

## そうはいっても、そんなにポジティブには考えられないよ……というあなたへ

○と思った」と自分の感情を客観視して、自分と分離させるのではなく、

「○○という自分を受けいれ、認め、ゆるし、愛しています」

と変更します。

受け入れ

認め

ゆるし

愛しています

例えば作家になりたいのであれば、「作家になりたいと思った自分」ではなく、「『作家という自分』を受けいれ、認め、ゆるし、愛しています」と言います。

「なりたい」ではなく、自分はすでにそういう存在であることを受けいれます。

微妙な違いですが、「○○と思った」というのは、モヤモヤした感情と自分を「分離」させて客観視しています。一方、「○○という自分」のほうは、希望の自分と「一体化」し、そうなることに許可を出してあげているのです。

このように「まなゆい」は癒しや悩みの解決を超えて、新しい現実を創造したいときにも使えます。

もし僕がノーベル平和賞をあげられる立場にいたら、この「まなゆい」に贈りたいと思ったくらい、やればやるほど、びっくりするほど気持ちが変わります。

学校でも、ぜひ取り入れてほしい！ 自分の感情をありのままに受けいれると心が静まってきます。すると、答えが自分の内側にあったことがわかってくるんです。

自分の感じていることを「こんなこと思っちゃダメ」とか自分を責めなくていいので、まず、そのままにジャッジせずに感じてあげる。

ほんとうの気持ちを大切にしてあげることから、自分らしさって生まれてくるんです。

Chapter 4

# ピンチ！
# ↙チャンス

Q とつぜん、想定外のことが起きた！！
どうしよう！

# Happening（ハプニング）を Happy（ハッピー）に 変えるのが人生さ♬

What a wonderful world!

ファッションデザイナーのヨウジヤマモトさんが、ニューヨークでコレクションを発表したときのことです。ファッションショーの真っ最中に、なんと電源が落ちて、会場は真っ暗になってしまいました。まさに非常事態。

すると、暗闇から地響きのような音が聞こえてきた。すべての電源は落ちており、音楽がなるはずのない会場から、ズンドコ、ズンドコ、もとい、ズン、ズン、ズン、ズンと音が聞こえてきたのです。

と同時に、電源が落ちていて明かりが灯るわけがないのに、雷のようなまばゆいばかりの光が何十と炸裂し、暗闇を引き裂いて明るくなった。

ズン、**ズン、ズン、ズン、ズン、ズン！**

地響きのようなリズムが会場を包み、光が炸裂するなか、無事、ショーは続行できたんです。

いったい会場でなにが起きたのでしょう？

真っ暗闇のなか、会場に来ていた記者たちがいっせいにカメラのフラッシュをたくことで、会場に明かりを灯したのです。消えてしまった音楽は、ショーを観ていたお客さんたちが床で足を踏みならしてリズムを生み出しカバーしました。
真っ暗になるトラブルが起きたことで、逆に、会場のお客さん全員が一致団結し、ショーを盛り上げて新たな次元に引き上げ、感動を生み出したのです。

今日も不幸は訪れるでしょう。ハプニングは起きるでしょう。

**でも、それがどうした！**

そこから感動を引き出すために、僕らは生まれてきたのです。
想定内のことしか起きないドラマは視聴率0％です。
僕らの潜在意識は、ほんとうはハプニングこそ味わいたいと思っているのです。
ハプニング、それは、昨日とは違う、想像を超える世界への誘い。

だからハプニングが起きたときに、あなたの言うセリフはこれです。

*What a wonderful world!*

## 「面白くなってきたぜ」
## 「Happening」と「Happy」は
## 語源が一緒です。

ハプニングこそ、ハッピーの幕開けなんです。
いや、いや、ハプニングなんて嫌って方、大丈夫です。
墓場に行けば、何ひとつハプニングは起きませんから。
生きるとは、ハプニングをハッピーに変えるゲームなんです。

**Q** ヒゲを剃っていたら、うっかり
鼻の下を切ってしまい、
血が出てしまった。

# 妻を幸せにする
# チャンスが来た！

*What a wonderful world!*

その日、僕は家を出る前にヒゲを剃っていました。あわてて剃っていたら、うっかり鼻の下を切ってしまった！　タラーっと流れる血。鏡に映る「鼻の下から血を流している自分」を眺めながら、僕は自分にこう問いかけました。

## 「これはなんのチャンスだろう？」

僕は数々の著書で、「どんなことでもチャンスに変えられる！」というメッセージを伝えています。でも、「さすがにこれはムリだろ？」と一瞬思ったんですが……。

閃きました。僕は、血を拭かずに、ダッシュで妻のもとに行きました。

鼻の下からタラーっと血が流れているこの顔を見た妻は大爆笑。

おかげで、朝からひすい家に幸せな空気が流れました（笑）。

鼻の下から流れる血ですら、妻に笑顔をもたらすチャンスにできるんです。

## ピン血、ピン血、チャンス、チャンス、ラン、ラン、ラン♪

「これはなんのチャンスだ？」この問いが、あなたの人生に魔法をかける呪文です。

## Q ショック！　財布を落とした。

とりあえず、サブちゃんの
『まつり』を歌う。
あ～祭りだ♬　祭りだ♬

What a wonderful world!

思いがけないトラブルが襲ってきたときには、この法則を知っておくと、次に不幸がくるのがちょっとだけ楽しみになります。

ちまたでは **「MATSURIの法則」** と呼ばれています。

これは、人気ユーチューバーの櫻庭露樹《さくらばつゆき》さんが提唱する法則です。

嫌なことや理不尽なことがあったとき、サブちゃんこと北島三郎さんの『まつり』を歌うと、そのあとに、とんでもない奇跡が起きるというのです（ほんとに？）。

ある女性が、5万円を振り込もうと銀行へ寄る前にトイレに行き、そこで財布を忘れてしまったそうです。あわててトイレに戻ると財布はありましたが、中を見ると、5万円が抜き取られていた！

でも、このとき、思い出したのです。「あ、サブちゃん！」と。

そして、トイレで「あ～あ、まつりだ♪　まつりだ♪」と歌ったところ、隣のトイレからおばちゃんが、**「サブちゃんかい？」** と話しかけてきた（笑）。

このおばちゃんは本題には関係ないんですが（笑）、なんとこのあと、『まつり』を歌った彼女は参加したかったセミナー（受講費30万円）の講師から手伝いを頼まれ、無料どころか謝礼までいただき、そのセミナーを受講することができました。

このように、サブちゃんの『まつり』で「まつった」ことにより奇跡が起きたという報告が、連日櫻庭さんのもとに届いています。

## アホになって熱唱する。

ここがポイントです。サブちゃんの『まつり』を熱唱する。これは、いわば、「現代の禊《みそ》ぎ」と言っていいでしょう（ほんとに？）。でも、これで、エネルギーをガラッと明るく変えることができるんです（ほんと！ ほんと！）。

気分は、紅白歌合戦のオオトリを務めたサブちゃんで『まつり』を熱唱する。理不尽な出来事が自分の身に起きたとき、アホになりきれる人なんて、まずいない。

でもそんなアホが、神様は大好きらしい。

実は、この「MATSURIの法則」の発想を取り入れた（とも言える）映画が、95回アカデミー賞を7部門も受賞している。『エブリシング・エブリウェア・オール・アット・ワンス』（ダニエル・クワン、ダニエル・シャイナート、2022年）という映画です。

多次元にいる様々な能力をもつ無数の自分とつながり、敵と対峙していく話ですが、多次元の自分につながる前に、1回ふざけないとうまくいかないという設定。

ふざけないといけないというのは、子ども心を取り戻すことの象徴だと思いますが、それが時空をジャンプするスイッチになる。

そんな設定の映画が、アカデミー賞を7部門も取っている。

俄然、「MATSURIの法則」に信憑性を感じてきましたでしょ？　感じてきたなら、僕に騙されています（笑）。素直なあなたは絶対、人生うまくいくよ。

櫻庭さんは言います。

「人生は祭り。病気も事故も、不幸だって祭り。問題が起きたことが問題じゃない。その問題をどう受けとめるかが一番の問題。

問題を白く塗るか、黒く塗るかは自分次第。意味もわからなくていい。

とりあえず白く塗りつぶして祭ってみるんです。あとは天にお任せです」

さぁピンチで歌いましょう。

**「あ〜あ、まつりだ♬　まつりだ♬」**

**Q** 居酒屋で、間違って自分の靴を履いていかれてしまった。

# そんなときの正しいコメントは、「サイズ合ったかな？」

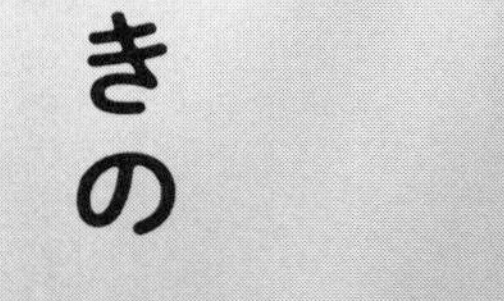

*What a wonderful world!*

僕の作家仲間が、ある人の講演を聞いて、悔しがっていたんです。彼は人前で講演することも多いんですが、笑いがとれないと悩んでいて、お笑い番組を研究していたほど。そんなに笑いを勉強しているのに、なかなか講演では笑いがとれない。

だからこそ、水を飲むたびに笑いをとっていた一人の講師と出会い「悔しい」と言っていた。その講師、水を飲むたびにこう言っていたそう。

## 「いやー、前歯が乾いちゃって」

『ラッキーマン』（評言社）の著者・若山陽一郎さんです。彼は出っ歯をネタにして、「あー前歯が乾くなー」と言って、水を飲むたびに笑いをとるんです。笑いがとれないと悩んでいた友人は、「俺も出っ歯に生まれたかった！」と本気で悔しがっていました（笑）。で、今回は、そのわっかんこと若山陽一郎さんの師匠のお話です（って前置き長かった）。

わっかんの師匠は、自宅に人を呼んで、よくバーベキューをするそうです。その日もたくさんの人が来て、庭や玄関には脱ぎっぱなしの靴が散乱していた。その中に、師匠の買ったばかりの靴もあったのですが、みんなが帰ったあと、なぜか師匠のお気に入りの靴がない！　大問題です！　そのとき師匠は……、
「オレのおニューの靴どこ行ったんだ！」とは一切言わずに、ボソッとこう言った。

**「サイズ、ちゃんと合ったかな～」**

え!?　みなが耳を疑った。師匠は、自分のお気に入りだった新品の靴を履いて帰ってしまった人の「足のサイズ」を、気遣っていたんです。レディ・ファーストならぬ、オモイヤリ・ファースト！

**自分が困ったときは、相手も困っていないかと考えられたら、あなたもみんなから愛される「師匠」になれます。**

「必要なのは知識でなく思いやりである」
チャップリン（俳優）

What a wonderful world!

ここで、大事なポイントをお伝えします。

**なにか、困ったことがあったときは、かかわる人の心の伝説に残るチャンスだということです。**

実際、師匠の言葉に感動したわっかんは、この話を仲間にしまくり、僕もこの話を講演でしまくり、こうして本にまで書き、ついにはあなたの耳にまで師匠の伝説が届いたわけです。

困ったときこそ、どう発言、行動するかで、かかわる人のハートをノックアウトできるんです。

**ピンチは伝説になれるチャンスなんです。**

Q かけこんだトイレに
トイレットペーパーがない!!!

ウ○コをしたときに、
地球上の
3分の2の人たちは、
紙を使わない。
さあ、試されるときが来た!

実は、世界でもお尻をふくときに紙を使うのは、少数派です。
じゃあ、なにを使うのか？

砂、小石、葉っぱ、とうもろこしの毛および芯、ロープ、木片、竹べら、樹脂、海藻などです。
これが、ザ・世界のスタンダードです！

**あなたの常識は、世界の非常識なのです。**

砂をトイレットペーパーとして解釈できるほど、世界は広いのです。

ほんとうは、「ひとり一《ひと》宇宙」なんです。
ひとりにつき、みんな別の宇宙の中で生きています。
そして、解釈の可能性の幅が、あなたの宇宙の幅になっているんです。

**あなたの「認識」の限界が、**
**あなたの「宇宙」の限界です。**

で、実際トイレットペーパーがなかったらどうするかですが、

**左手を使いましょう。**


ボクシングの世界では「左を制すものが世界を制する」という言葉がありますが、このトイレ緊急事態の場合も「左手」です。

実際に、インド文化圏では左手をゆすぎながらお尻を洗います。

トイレットペーパーがなくても、僕らには黄金の左手がある。

いつかこの情報が役に立つ日がきっと来ることでしょう。

いや、来ないことを祈ります（笑）。

*What a wonderful world!*

そろそろ、読み疲れてきたかなと思って、
箸休めの、どうでもいい話でした（笑）。
これも、ひすいの思いやりです。

Q 家を出たら、虫が死んでいた！
縁起が悪い！
こんなときはどう考える？



この虫たちは、
人生最後の瞬間を、
あなたの家で
迎えたかったんだ。

What a wonderful world!

僕の友人は、田んぼの真ん中でカフェを営んでいます。
周りの田んぼで農薬をまくせいか、ある時期になると、毎日お店の前に小さな虫が死んでいる。
毎朝、虫の死骸がお店の中に……。
なんだか縁起が悪いなと思って、友人は毎朝いい気分がしなかったそう。

ところがあるとき、スタッフの一人が、

**「この虫たちは、人生の最後をこのお店の前で迎えたかったんですね」**

と、ポツリと言いました。

その瞬間、友人は、死んでいる小さな虫たちが急に愛おしく思えるようになったそうです。

そのスタッフはこう続けました。

「『一寸の虫にも五分の魂』と言いますから、この虫たちにお墓をつくってあげませんか?」

その言葉をきっかけに、友人のカフェは、毎朝お店の前で死んでいる小さな虫たちのお墓をつくってあげて手を合わせることから仕事を始めるようになったのでした。

それまでは、お店の前で死んでいる小さな虫たちを見て「縁起が悪い」と、嫌な気持ちで仕事を始めていました。でもいまは、命に手を合わせて、すがすがしい気持ちで仕事を始められるようになりました。

**現象は同じ。**
**でも、解釈の仕方で、**
**心は真逆に変わります。**

*What a wonderful world!*

問題は外側にあるのではない。
あなたのとらえ方、内側にあるということです。

**Q** 人前でウ〇コを漏らしてしまった。
恥ずかしくて死にたい。

**ウ〇コを漏らすほど**
**恐怖して逃げ出した**
**自分の絵を描かせ**
**「ここから天下を取る」**
**と誓ったのが、あの家康！**

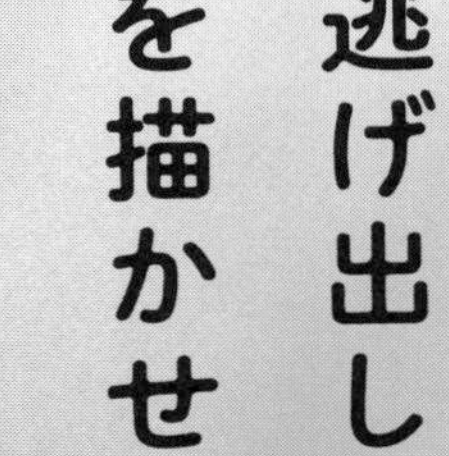

What a wonderful world!

日本の偉人のなかで、中国でめちゃめちゃ人気があるのは誰だと思います？

「ひすいこたろう」と答えてくれた方、リップサービスありがとう。

正解は、イエヤス・トクガワ徳川家康です。


徳川家康の本は、中国で大ベストセラーになりました。

その家康本を翻訳した中国の出版社の社長さんは、家康の歴史が記された本を読んで、ある箇所に猛烈に感動して「これは中国で広めねば」と思ったそうです。

それは、家康の三方ヶ原の戦いでの話でした。このとき家康は、武田信玄率いる騎馬隊に完膚なきまでにやられ、恐怖のあまりウ○コを漏らして逃げ出したと史実に残っています。


もう、恥も恥。穴があったら入りたいという状況です。

しかし、家康はそれを隠すことなく、なんと絵師に頼んで、ウ○コを漏らすほどの恐怖で、逃げ出した自分のなさけない姿を絵に描かせて飾ったというではありませんか。

**一番見せたくない自分、一番なさけない自分、一番かっこ悪い自分から目を背けずに、それを受けいれ、認め、ゆるし、「俺はここから天下を取る」と誓ったわけです。**

そして見事に天下を取った。

中国ではありえないそうです。英雄のそんなかっこ悪い場面は、歴史から抹消されるからです。中国では、英雄は完全無欠のスーパーヒーローとして描かれます。

しかし、日本の英雄はウ○コを漏らしたことを隠さない。

中国の出版社の社長さんはそれに感動して、徳川家康の人生を翻訳して中国全土で広めたいと思ったのだそうです。

すると、「イエヤス超クール！」とベストセラーになりました。

*What a wonderful world!*

かっこ悪い自分を受けいれて、かっこ悪い自分から始めよう。
それこそ、ありのままの、最高にかっこいい生き方です。

# 最悪をバネにして
# 最高のジャンプだ！

**Q** 私の人生は、いつもいつも
想定外のことばかり。
やんなっちゃう。



思い通りにならないときは、思いもよらないステキなことが待っているよ。

お釈迦様は、この世界は「苦」（思い通りにいかないこと）であると喝破《かっぱ》しました。

だから、そもそも「思い通りにいかない」と、必要以上に苦しむ必要はないんです。

そもそも、人生は、そういうもんなんです。

なんて書くと、「希望がないじゃないか！」という声が聞こえてきそうですが、

**思い通りにいかないときほど希望があるんです！**

あなたのこれまでの人生で、とくに幸せや喜びを感じていることを2つ、3つあげてみてください。どうしてそうなったのか、そのプロセスを思い出してみてください。

**それらは、思い通りになった結果、得られたものですか？**


僕でいうなら、とくに幸せを感じたことは、

「妻と出会い、娘と息子が生まれたこと」

「作家になれたこと」

その原因は、すべて、思い通りにいかなかったことのおかげなんです。

妻と結婚できたのは、そもそも5年間片思いしていたYさんにフラれたところからドラマが始まっています。フラれてもまだYさんが好きで、Yさんが目指していた地元の新潟大学を目指して僕も勉強していたんです。しかし、彼女は受かって僕は落ちた。それで仕方なく東京の大学に出てきました。

そして友人が紹介してくれた会社に入社。しかし、人見知りな僕が苦手な営業職に回され、まったく売れずに七転八倒。仕方なく、広告をつくって伝える道を模索した結果、書くことが次第に楽しくなり、コピーライターに転身し、こうして作家にもなれました。実は、妻ともその会社で出会っています。

失恋したときは、泣いて、泣いて、泣いた……。

1日8時間も勉強したのに、地元の新潟の大学にも落ちた……。

それで、行きたくもなかった東京に仕方なく出てきた……。

で、東京で就職したら、一番やりたくない営業職に配属になった……。

まったく思い通りにいっていません。でも、思い通りにいかないことの連続の中で、思いもしない想定外の幸せにたどり着いた。作家になれたのも、妻と、いまの子どもたちと出逢えたのも、すべて思い通りにいかなかったことのおかげです。

What a wonderful world!

**思い通りにいかないとき、**
**それは思い（想像）を超えることができる。**

『赤毛のアン』（L・M・モンゴメリ）にもこんなセリフが出てきます。
「人生は思い通りにならないものだけど、
思い通りにならないとは素敵なことだわ。
思いもよらないことが起きるからよ」

**行きたい道に天命があるのではなく、**
**行った道に天命があるです。**

Q よく道を間違えて、
遠回りしてしまう。

遠回りするほど
思い出が増えるよ。

*What a wonderful world!*

東に行きたかったのに西に行ってしまった君へ。
西に行きたかったのに東へ行ってしまった君へ。
僕はそんなおっちょこちょいな君が好きだな。
大丈夫。
ちゃんと最後にはたどり着けるから。
だって地球はまるいから。
遠回りしたっていいんだよ。
思い出が増えるんだから。
人生は、成功を目指す旅ではなく、思い出をつくる遠足。

だから遠回りしたっていいんだ。
ゆっくり歩いていけばいいんだ。
いっぱい間違ったっていいんだ。
逆に行っちゃってもいいんだ。
右向け左になってもいいんだ。
おいてけぼりだっていいんだ。

うつ伏せになってもいいんだ（なんで突然うつ伏せ？）
わんわん泣いてもいいんだ。

**いいんだよ。いいんだよ。**
**それでいいんだよ。**

だって、そもそもこの宇宙には、いい・悪いはないんだから。
すべての体験は、全部あって、全部いいんだ。

だから、安心して行ってらっしゃい。

*What a wonderful world!*

## ジティブには考えられないよ……というあなたへ

P.74の「ネガティブな感情との上手なつき合い方 その①」、P.172のその②「まなゆい」、その両方において、要するに根底ではなにをしているかというと、自分を「客観視」できるようにしています。

そもそも心理学は、自分を客観視する技術だと言っていい。自分の人生を映画ととらえて、観客席から眺めるように客観的に見てみるのです。すると、心に「スペース」（ゆとり）が生まれて「気づき」が起きやすい状況になるのです。

ある心理学者のこんな実験があります。

心に深い傷（トラウマ）を負った人たちのなかで、そのトラウマを乗り越えた人たちと、まだ乗り越えていない人たちで、トラウマとなった出来事の記憶に、なにか違いはあるのかを調べました。

例えば、親との関係になにかトラウマがあったとします。そのトラウマをすでに乗り越えた人は、記憶の中に「親」と「自分」が登場しました。一方まだ乗り越えていない人が回想した場合は、「親」しか出てきませんでした。

トラウマを乗り越えた人たちは、回想したときに「自分」が登場する。一方、

# Take a bird's-eye view of you

## そうはいっても、そんなに

乗り越えてない人たちは、回想したときに、そこに「自分」はいない。

この違いはなにを意味しているのかわかりますか？


回想シーンに自分が登場するということは、

**「自分を客観視できている」**

ということです。

一方で自分が登場しないということは、トラウマがまだ現実のままなんです。現実の視点では、自分で自分は見えません。だから自分は登場しないわけです。

## この実験でわかったことは、自分を客観的に見られるこの視点こそ、自分を癒す力になるということです。

自分自身を客観的に見つめることは、脳の前頭葉のもつ認知の働きによるもので、脳科学では「メタ認知」といいます。

そんなふうに鳥の目で空から自分を俯瞰するように、また、自分の人生を映画を眺めるように客観的に見られると、嫌な感情と自分自身を分離しやすくなります。

すると、心に「スペース」が生まれて、そこに「気づき」が起きるのです。

例えば、昔はよくかみさんとケンカしていたんですが、その最中に、それを空からの視点で眺めてみるようにしたことがあるんです。

すると、5分ほどで、なんだか怒っている自分がバカらしくなり、ケンカの最中に笑い出したことがあります。

## そうはいっても、そんなにポジティブには考えられないよ……というあなたへ

自分のことは他人のように客観的に眺め、逆に他人のことは自分のように思いやりをもって接するのです。

また、自分の感情に客観的に気づくことができるということは、「感情」＝「自分」ではないことの証明です。

例えば、あなたが怒り心頭のとき、「自分」＝「怒り」（１００％）になっています。

でも、怒っているときに、がんばって「今日の夕飯、なににしよう」って考えてみてください。すると瞬時に、「自分」＝「怒り」＋「夕飯」となります（笑）。

つまり、「自分」＝「怒り」ではなく、ほんとうの自分とは、その感情に気づいて眺めている自分なのです。

感情に気づいていなければ、その感情に流されるだけです。でも、

**気づいてたら、自由に選べるのです！**

**気づいてたら、変えられるのです。**

この世界をどのように解釈したいか。どのように生きたいのかを。
未来をあなたが選べるのです。

# Chapter 5

# リ・スタート

クヨクヨ

## Q 「もう○歳か。歳とったな」年齢に限界や疲労を感じる。



# 「もう○歳」を「まだ○歳」に変えるだけで10年寿命が延びる。

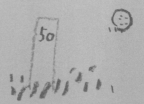

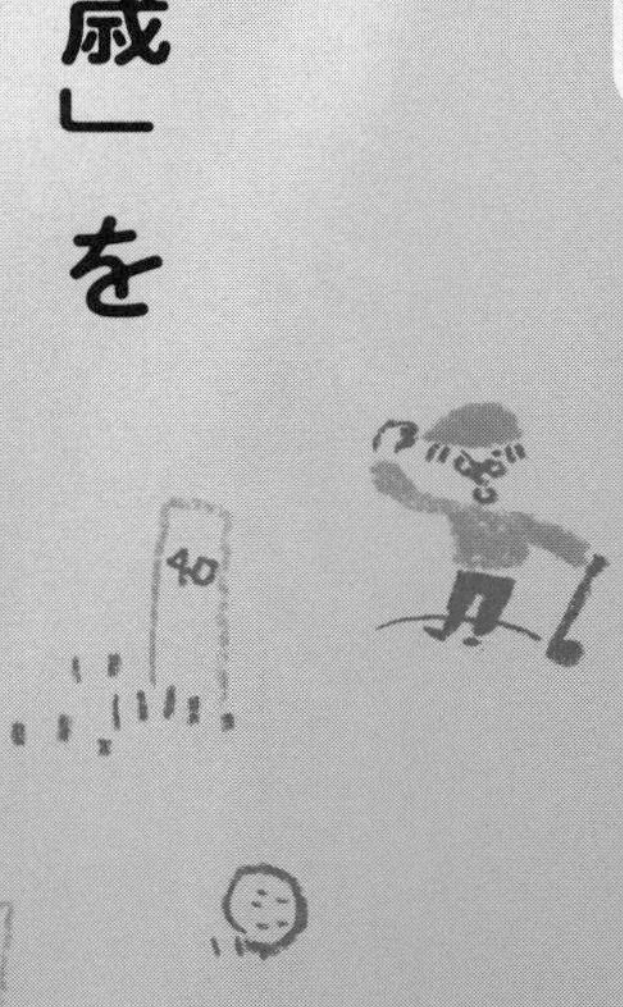

What a wonderful world!

アメリカのある大学の心理学研究チームで、「私はまだ40歳」と考える１０００人のグループと「私はもう40歳」と考える１０００人のグループで、追跡調査をしました。

すると、「私はまだ40歳」と考えた人たちのほうが長生きしたそうなのです。

そこまでは想像できます。

驚くべきは、何ヵ月という単位で長生きしたのではなく、

**10年という単位で平均寿命が長かったことです。**

**「もう」と思うか、「まだ」と思うかで**

**10年も寿命が違う。**

「私はもう40歳」と考える人は、当然、「もう50歳」「もう60歳」と毎年思うことが予想されるので、どんどん自分を老けこませていきます。

一方、「まだ40歳。若い！」と思っていれば、いろいろなことに挑戦できます。

アンパンマンの生みの親である、漫画家のやなせたかしさんがアンパンマンを描いたのは50歳のときです。

歌手に挑戦して、CDを初めて出したのが84歳のときです。

**人生80年を仮に1日としたら**
**20歳は朝6時。**
**30歳は朝9時。**
**40歳は正午12時です。**

*What a wonderful world!*

40歳はまだ人生のランチタイムなんです。
まだまだなにかを始めるには十分でしょ？
まだまだ冒険するには十分でしょ？

さあ、なにを始める？

Q 仕事でなかなか成果が出ない。
自分にはなにが足りないのか？

# 足りないのは、
# 心からのスマイル。

What a wonderful world!

先ほど登場した、出っ歯のわっかんこと若山陽一郎さんのお話です（P.189参照）。「**出っ歯の**」と、もはや彼の枕詞のようになっていますが、今回は、彼がギリシャのアテネに立ち寄ったときの話です。

当時、ギリシャは不況のドン底。旅行者が足を運ぶようなメインストリートでは、チップをもらおうと紙コップを置いて楽器を弾いたり、歌をうたったりする人がいて、みなその日に食べるごはんのお金を懸命に稼いでいました。

出っ歯の彼も（出っ歯は関係ない！）、「ここで自分はお金を稼げるのか？」と自分を試したくなった。そして、「そうだ。踊ろう！　俺はダンサーだったじゃないか」と思い出したのです。

そう、彼はTRFのバックダンサーをやっていた男なんです。

（彼の『ラッキーマン』という本、ぜひ読んでね）

早速、ストリートに立ってみた。でも、みんな白い目で見てきます。唾を吐いてくる人、チップを入れる紙コップを蹴り飛ばす人までいた。

それでも踊り続け、1時間が経過。チップはゼロでした……。

なんで誰もチップを入れてくれないんだろう？　俺はダンスが下手なのか？
いや、日本ではプロだったんだ。そこで、周りのパフォーマーの人たちをよく観察してみると、チップを稼いでいる人と、そうでない人には大きな違いがあることに気づいたのです。

**稼いでいる人は、ものすごく楽しそう。**

一方、そうでない人は、眉間にしわを寄せながら辛そうな顔をしていたのです。
出っ歯の彼はハッとしました（だから出っ歯は関係ない！）。
そうだ、自分も笑顔がなかった！　心の中で「辛い」と感じながら踊っていた。
彼はもう一度立ちあがり、今度はハイテンションでステップを踏んでターンをした。

**上手い下手なんて関係ない。**
**音を楽しむのが音楽であり、ダンスだ。**

What a wonderful world!

すると、不思議と周りの目も気にならなくなり、さらに踊ること10分。

ついに子どもが寄ってきた。

キターーーーーッ！！！

その子どもと見つめ合いながら笑顔で踊っていると、また、新たな子どもが寄ってきました。すると、その子のお母さんたちがニコニコしながら寄ってきて、

「エフハリストー（ギリシャ語で「ありがとう」）」

と、紙コップの中にチャリーン。

そのコインが、海外で稼いだ初めてのお金になりました。


なかなか成果が出ないとき。

あなたに足りないのは、さらにがんばることではない。


**心から楽しむ気持ちです。**

**Q** あれもできない。 これもできない。
不器用な自分に凹む毎日。
どうしたらいい？

# あなたが
# 凹んでいるからこそ、
# 凸の出番がある。

What a wonderful world!

僕の友人で経営者の菅野一勢さんには、社会人として致命的な欠点がありました。

それは朝、起きられないこと。

一緒にイベントをしたときも、5時間も遅刻してきました。

そんな菅野さんが、まだ若いとき、会社に就職しても必ず寝坊するので、すぐクビになったそうです。

こうなったら、もう自分が社長になるしかないと、仕方なく起業。

しかし、彼にはまだ致命的な欠点がありました。インターネット業界で起業したものの、ホームページが作れない。ワードが使えない。エクセルも使えない。

そこで、それらは奥さんに頼むことにしました。

しかし彼にはまだ欠点が！　長い文章を書けない。

そこで彼は、高校時代のアルバムを上から順番に電話し、フリーライターをやっている人を探し、その人に任せることにした。

じゃあ、彼はなにをやるかというと、得意な企画を考えることがメイン。あとは他力本願、得意な人に任せた。その結果どうなったか？

# ネットで起業した1年目で、1億円も稼いでしまいました。

あなたが凹んでいるからこそ、それを補う凸を持つ人の出番があるのです。

ちなみに彼には、さらなる致命的な欠点がありました。

「ラクしたい」という超軟弱な性格。

ラクしたい彼は、どんどんできる人に任せ、彼が会社に行かなくてもまわる仕組みをつくり上げました。

その結果、いまでは20社以上の会社のオーナーとなり、大富豪となりました。

菅野さんはいつも周りのスタッフに感謝しています。自分ではなにもできないと痛感しているからです。

**凹んでいる分だけ、感謝することが増えるんです。**

What a wonderful world!

凸が活躍できるのは、あなたが凹んでくれていたおかげなんです。

**「自分はパズルのピースだ」って見ればいいんです。**
**パズルのピースなら、大きくなろうとしなくていい。**
**ありのままの形を認めて、**
**周りとつながっていけばいいだけなんです。**

パズルだから、いくら自分は凹んでたっていいんです。凹んでる分だけ、そこを埋めてくれる人の出番をつくることができる。

その結果、つながりが増えて、つながりの中でパズルはどんどん、美しい絵を見せてくれます。

Q　失敗したらどうしよう？
ハラハラして夜も眠れない。

# 成長とは、
# 新しい失敗を
# しでかせること。

「このなかで、新規事業を10個以上失敗した経験のある方はいますか？」

先ほどもご登場いただいた菅野一勢さんは、講演で、参加者さんによくそう尋ねます。毎回ひとりかふたりが手を挙げます。

菅野さんは、10個以上新規事業を失敗したというその人たちに、次はこう尋ねます。

**「でも、みなさんの年収は、余裕で1億円を超えていませんか？」**

すると、手を挙げた方は、これまで100％の確率で「はい」と答えたそうです。

菅野さんはシンガポールで暮らす大富豪で、まだ40歳でありながら20社以上のオーナー。そんな彼は、誰よりも様々な事業に失敗しています。ラーメンの通販、化粧品の販売、ダイエットサプリの販売、カレー屋などなど16の事業に失敗。インターネットの情報起業に関しては25回失敗したといいます。

でもそれは、誰よりも挑戦しているということでもあります。

成功の反対は失敗ではない。
失敗の先に成功があるんです。

成功者とは、誰よりも失敗した人。

**菅野さんは、**
**10回以上新規事業にチャレンジして、**
**一度も成功しなかった人を、**
**これまで見たことがないと言っています。**

発明王エジソンだって、ランプを発明するまでに1万回以上の失敗をしています。
しかし、その失敗について、「この組み合わせはうまくいかないということを発見し

*What a wonderful world!*

た」というふうに語っています。

**失敗は、「発見」なんです。**
**失敗は、「発明」なんです。**

さあ、新しい服を着て、新しい靴を履いて、新しい失敗をしでかそう。

## Q 目標や夢をかなえたいけれど なにから始めていいかサッパリわからない。
（夢のかなえ方　その１）



やり方がわかるようなら、
それは夢ではなく、
ただの予定。
わからないまま進め。

「いつか本を書いてみたい」

僕が漠然とそんな夢を見始めたのが2002年。でも、僕の周りには本を書いたことのある人が誰ひとりいなかったので、作家になる方法がわからなかったんです。だから、行動を起こすこともなく、なんとなく2年が過ぎました。

そんなある日、心理学の講座を受講したときのこと。

8人のグループワークで、僕は本を書いてみたいという夢を語りました。

すると偶然にも、その輪の中に作家さんがいたんです！

「おまえ、本、書きたいの？」

彼は僕よりだいぶ年下だったにもかかわらず、「おまえ」と完全な上から目線！

「……はい。本を書いてみたいです」と僕が答えると、こう返されました。

「原稿は？」（その作家さん）

「え？　原稿ですか？　まだ書いてないです」

「おまえ、意味わかんねえよ。だって、おまえ、本書きたいのに原稿はないんだろ？　意味わかんねえよ」

年下の彼からの、いきなりの「意味わかんねえよ」扱いに僕は戸惑いました。

**「よく考えてみろ。**
**『僕はミュージシャンを目指しています。1曲もまだ作っていませんが』**
**というヤツがミュージシャンになれると思うか？　おまえはそれと一緒。**
**俺は本を書きたいと思った時点で書いてた。で、いつなんどき編集者に会っ**
**てもすぐに渡せるようにカバンに入れてた。**
**なんでおまえのカバンから、原稿が出てこない？　いまおまえのカバンから**
**原稿が出てきたら、俺はすぐに編集者に渡してあげたよ。**
**おまえはチャンスを台無しにしてる。意味わかんねえよ」**

彼からそう言われて、僕の中でこんな言い訳が頭をぐるぐる巡っていました。

「そうは言うけど、俺の周りで本を書いた人なんか誰ひとりいないんだ。だからやり方がわからないんだ！」

そう言い返したかったのですが、気が弱くて言えませんでした。

もう、悔しくて、悔しくて……。

ただ、心の中でわかっていたんです。彼の言うことは100%、その通りだ……。

このとき、心に火がついた。とにかくわからないまま進むしかない、と。

*What a wonderful world!*

それで、本を書くつもりで、拙いブログを書いていった。結局それが、僕のデビュー作『3秒でハッピーになる名言セラピー』（小社刊）につながりました。

いまや、彼は僕の恩人の一人です。


初めてのことに挑戦するんです。方法なんかわかるわけない。

だから今日、できることをまずやるしかないんです。

今日できる1の扉を開けば、次の2の扉が見えてくる。2の扉を開けば、3の扉が。

この繰り返しで、行きたい道ににじり寄っていけばいいんです。


ここで、作家のきつかわゆきおさんの言葉を贈りましょう。

「やってみなけりゃわからんことだけが楽しい」


では最後に、聞きますよ。心して答えてくださいね。

「あなたの夢は？　そのために、なにをしてますか？」


**「え？　なにもしてない？　お前、意味わかんねえよ」**

Q でも、やっぱりいくら考えても
夢のかなえ方がわからない。
（夢のかなえ方　その2）

やったことのないことは、
考えるのではなく、
想像する。

What a wonderful world!

やったことのないことは、考えたってわかるわけがないんです。

だって、やったことないんですから（笑）。


これは心理療法家の矢野惣一先生から教えてもらったことですが、経験のないことは、考えるのではなく、想像するといいと。

自分の願いが具体的にわかっていなくても大丈夫。

夢が全部実現したら、いまとなにが変わっているか、想像してみるんです。


**あなたの夢がすべてかなったとしたら、どうなっていると思いますか？**

**いまとなにが変わっていると思いますか？**


**どんな家、どんな場所に住んでいますか？**

**家族との関係は？**

**どんな仕事をしてる？**

**どんな友人たちに囲まれてる？**

**どんなライフスタイルで過ごしている？**

**いまは持っていない、どんなものを手に入れている？**
**あなたは、いまはできない、どんなことができるようになっている？**
**あなたの生活は、いまとどんなふうに変わっていますか？**
**周りからは、あなたはなんと言われているでしょうか？**

こうして想像したら、そのなかから、いますぐできることに取り組むんです。

時間は、過去↓現在↓未来という順序で流れますが、潜在意識や脳の中では違います。脳の中では、未来が一番最初にきます。

つまり、「未来をどうしたいのか？」という目的がないと、脳の時間は動きません。例えば、僕らは目的なしには一歩たりとも歩きません。歩いているときは、必ず目的があります。駅に行くとか、コンビニに行くとか、散歩するとか、目的が先にあって行動が起きます。

「いや、フラフラしてるだけ」という人も、先に、「フラフラしよう」と思ったからフラフラしてるわけです。

What a wonderful world!

目的がなければ、脳は「動け」という指令を体に出しません。

**さあ、あなたの夢が、すべてかなったとしたら、未来はいまとなにが違うでしょう?**

想像することから未来の創造は始まるんです。

Q 飽きっぽくて、なにをやっても
長続きしない。

なにをやっても
長続きしない人は
続ける力が
ないのではなく、
やめる決断力がある。

What a wonderful world!

再び大富豪の菅野一勢さんに登場していただきましょう。

というのも、僕の知る限り、彼は「飽きっぽさ日本一」の男だからです。

彼は学生時代から、飽きっぽくて、なにをやっても長続きしなかった。社会人になっても、飽きっぽくて、とにかく仕事が長続きしない。まず土方の仕事を始めたけれどすぐ辞めた。次に、いわゆるオフィス勤務の会社に就職してみたものの、朝が起きられず、これはクビになった。探偵になったものの、今度は夜が遅くて辞めた。営業の仕事をやったら、成績はよかったものの、どうしても営業という仕事が好きになれずに辞めた。

こんなふうに、なにをやっても長続きしない人が、「自分は続ける力がない」と考えるのは簡単です。でも、そうではなく、「自分には辞める決断力がある」ととらえて、その個性を活かせばいいのです。

# なにをやっても長続きしない人は、逆を返せば、新しいことを始めるのが得意なんです。

そこを活かせばいい。

そして長続きしないということは、ダメならダメで次に進むことができる「見切り力」があるってこと。

結局、飽きっぽい菅野さんに向いていたのは、次々に、まったく新しいビジネスを立ち上げることでした。とは言え、自分はすぐ飽きるので、それも計算に入れて、最初からその事業を担う人を決めておいて、その人を社長にして任せていく方法をとりました。

すると、いい循環が生まれて、あれよあれよという間に菅野さんは20社以上の会社のオーナーになってしまったのです。

*What a wonderful world!*

「飽きっぽくて長続きしない」ことこそが、菅野さんの最大の武器だったのです。

欠点は、裏を返せば、あなたの武器となるのです。

Q 小さなことが気になって、
くよくよしてしまう。

1年後、どうせなにに
くよくよしていたかさえ
思い出せないんだから、
安心して
くよくよしよう。

What a wonderful world!

息子が小学1年生になったときのこと。
僕は息子にこう伝えました。

「とうちゃんはさ、小学校1年生のころの記憶はほとんどないんだ。だから、いまのことは、大人になるころにはみんな忘れちゃうから、心に刻んでおいてな」

すると、息子はこう言ったんです。

**「とうちゃん、オレは昨日のこともう覚えてないよ」**

……ごめん、そうだった。キミはいつも、いまを生きる男だもんな。

# 「1年前、なにに悩んでいましたか？」

そう聞いてみると、ほとんどの人はすぐに思い出せないんです。
つまり、いま悩んでることは、1年後には思い出せないくらいのことなんです。

**いまの自分から見たら、**
**富士山のようにそびえ立つ大きな問題も、**
**人生最後の日から見たら、**
**顔のエクボくらい小さな問題なんです（笑）。**

だから、まあ、気楽に悩んでくださいね。
安心してくよくよ悩んでくださいね。
片手間でくよくよ悩んでくださいね。

What a wonderful world!

人生はつかのまの夢のようなもの。
くよくよするのも、いい暇つぶしを見つけたくらいに気軽に考えればいいんです。

## Q 思い出すたびに嫌な気持ちになる思い出がある。どうすれば乗り越えられる？



思い出したときは、記憶を
書き換えるチャンス。
思い出すたびに、
ベートーベンの「第九」を
頭の中でかけよう。

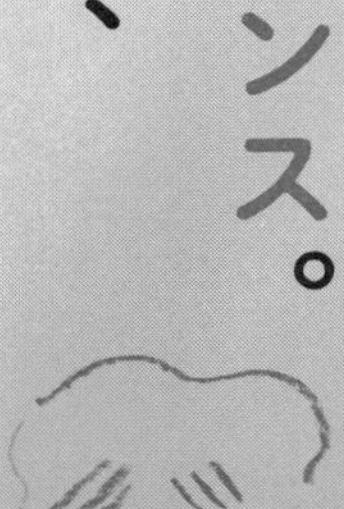

中学生のときに、自転車で15分かかる塾に通っていました。帰りが夜の10時ぐらいになると、あたりは真っ暗になってしまうので、ひとりで帰るのがとても怖かった。

そこであみ出した方法が『ドラえもん』のジャイアンの歌をうたいながら帰ること。

「俺はジャイアン。ガキ大将♪」って。

すると、怖さが不思議となくなっていったんです。

怖さを感じるときは、この「**ザ・メソッド・ジャイアン**」を応用してください（笑）。

嫌な思い出が湧き上がってきたときは、バックミュージックにベートーベンの「第九」のサビの部分を、頭の中で流してください。べつに「第九」ではなくても、気分が明るくなる曲ならなんでもＯＫです。

そして思い出の印象を明るいトーンに切り替えます。

嫌な思い出は暗い印象のまま記憶されているので、記憶の明るさのトーンを2倍に画像処理すればいいのです。

さらに、嫌な思い出の中の相手を2頭身にして、ミッキーの耳をつけてかわいくするのもあり。

例えば、親からの「おまえなんか産まなきゃよかった」という言葉がトラウマになっているのだったら、その言葉をちびまる子ちゃんの声にしてみるのもいい。

こうして、暗い記憶を思い出すたびに、その記憶をキュートに書き換えていきます。

**その記憶を思い出すたびに、「ほんとうはどうなっていたかったのか」をイメージし、記憶を書き換えていくのもいいでしょう。**

これらを繰り返すうちに、必ず「まあ、いいか」って思える日が来ます。

そして、暗い記憶を思い出しているときこそ、記憶を書き換える最大のチャンスだということを覚えておいてください。

*What a wonderful world!*

## 僕らの人生に大きな影響を与えるのは、「事実」ではなく「記憶」です。

「過去」は変えられませんが、「過去の記憶」はいくらでも書き換えられるのです。

だから、大丈夫だよ。

## Q 「私は、嫌われてるんじゃないか……」と思ったら？



# あえて、嫌われてみよう。

What a wonderful world!

芸術家の岡本太郎が、まだ無名だった時代。フランスから帰国したとき、当時の日本の絵画界は、ワビ、サビ、渋みの全盛期で、岡本太郎は日本の絵画に違和感を覚えたそう。

自分はきれいなものを描きたいわけじゃない。

「なんだこれは!?」と、ぞっとするようなものを描きたい。

しかし……そんな絵を描けば、嫌われてしまうだろう。

マスコミにも取り上げられないだろう。

絵も売れないだろう。

すると、俺は絵で食えなくなるだろう。

食えなくなったら死ぬだろう……。

**この道を行ったら、死ぬだろう……。**

**じゃあ、この道で、死のうか！**

岡本太郎は、そう覚悟が決まった。

ワビ、サビ、渋みの全盛期。くすんだ色ばかりが使われていた日本絵画界になぐりこみをかけたのです。

キャンバスを真っ赤に染め、真っ黄色を使い、真っ青に塗りあげ、禁断の原色をふんだんに使いまくった。

「好かれないように嫌われるような仕事をしてやろう」と。

「嫌われよう」と開き直った岡本太郎は、歴史に残る芸術家として、みなから愛されることになりました。

## 「嫌われてるんじゃないか」と不安なら、あえて嫌われてみよう。

オバケもそうですが、想像してるときが一番怖いんです。だったら、恐れていることにこちらから一歩踏み出してみればいい。

それに、「よっしゃ、嫌われてみよう!」と、「自分の意志」を入れると、気持ち

*What a wonderful world!*

がまったく変わってきます。

例えば、頼まれて嫌々残業するのと、「よし！　上司を驚かせてやれ。３日かかるところを１日でやってみせよう」と自らの意志を入れるのでは、やる気が全然違います。

**嫌われてもけっこう。私はこの道をゆく。**

と、そこに自分の意志をひとつ放りこむ。

すると、心は、清々しく晴々しくなるんです。

**Q** どうしてもわかり合えない人がいて苦しい。

# わかり合えないことは不幸ではない。むしろ、わかり合えることが奇跡。

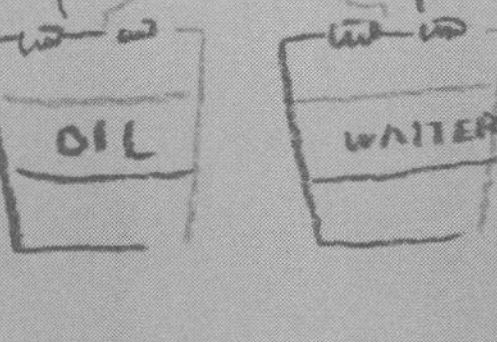

What a wonderful world!

なにごとも期待値が高いと、いつもイライラしていなければなりません。

例えば、うちの子が漢字のテストで、60点を取ったとき。僕は息子の頭をなでまくり、「すごーーーーーい!!!」とほめまくりました。

というのも、うちの息子は「白鳥」を「ダチョウ」と読むくらい漢字が苦手だったからです（笑）。そのため、漢字テストの結果にはもともと期待していないから、60点でも拍手喝采だったわけです。

自分の期待値（認識）に応じて、感情は変化します。

「わかり合えない、わかってもらえない」と悩んでいる人は、「人と人はわかり合えて当然」というふうに、他人に対して抱いている期待値がとても高いのです。

すると、わかり合えないことにストレスを感じ、なにかとイライラします。

そんなあなたには、ゲシュタルト療法の創始者であるフレデリック・パールズの『ゲシュタルトの祈り』と呼ばれるメッセージを贈りましょう。

**「私は私のことをします。**
**あなたはあなたのことをしてください。**
**私が生きているのは、あなたの期待に応えるためではありません。**
**あなたもまた、私の期待に応えるために生きているのではありません。**
**あなたはあなた、私は私。**
**もし、私たちの心が通じ合わなくてもそれは仕方のないことです。**
**そして、私たちの心がたまたま触れ合うことがあれば。**
**それは最高に素晴らしいことです」**

ちなみに脳科学的にも、男性と女性の性格は、平均して20％しか重なる部分がないようにできているらしく、20％しかわかり合えなくて当たり前だそうです。

# そう、誰かと21％わかり合えたら、
# 奇跡なのです。

What a wonderful world!

Q どうしても他人の目が気になっちゃう。

相手はどう思っているかと
考えるのではなく、
自分がどう思っているかを
感じよう。

*What a wonderful world!*

ある日の講演会でのこと。一番前に座っていた男性が足を組み、腕を組み、すごいしかめっつらで僕の話を聞いていたんです。

その挑戦的な態度に僕は圧倒され、その日の講演はグデグデになってしまったのですが、質疑応答に入ると、その彼が真っ先に手を挙げたではありませんか！

ドキドキしている僕に、彼はこう言ったのです。

**「ひすいさんの大ファンで、やっと今日会えました。ありがとうございました」**

え!?

なに？　なに？　なに？　大ファンだったの？

**早く言ってよ！**

僕からは、彼がものすごく反抗的な態度に見えていたのですが、実は違った。彼は子犬のようにキャンキャンした気持ちで一番前に座ってくれていたんです（笑）。

また、ある日の講演会で、やはり前のほうに座って、途中からこっくりこっくり寝始める方がいました。大きく頭をゆらして寝ているので目立つし、僕もその方が気になってうまく話せなかったんです。

でも、懇親会で、その方は僕の大ファンで、仕事が忙しいなかでも絶対に来たいと思い、一睡もせずに徹夜で来てくれたということがわかりました。

このことを通して、他人がどう思っているかを、勝手にひとりで想像するのはやめようって思いました。

**だって他人のことを100時間考えたところで、おそらくそれは100%外れてます。**

他人の目が気になったときや、人前で緊張したときは、「相手が自分をどう思っているか」を想像するのではなく、「自分が相手をどう思っているか」に切り替えるのがおすすめです。すると周りに左右されにくくなってきます。

「相手」が自分をどう思っているかはただの憶測、想像に過ぎませんが、「自分」がどう思っているかは真実だからです。

自分が不安に思っているなら、その自分の不安に寄り添ってあげればいいのです。

## Q　どうしても親を許せない。



許せない親は、
許さなくていい。
ただ、
自分の反面教師として
感謝する。

What a wonderful world!

「自分をどんな人だと思っていますか？」

ワークショップで、参加者のみなさんに自分自身に対する定義を書き出してもらったことがあります。そのとき、「平和主義」「人との調和を重んじる人」「自分の考えは持っているけれど人に合わせる人」と書いた人がいました。

それを見て、ふと僕は彼女に「お母さんってどんな人？」と質問しました。

すると彼女は次のように答えました。

「わがまま。世界は自分のために回っていると思ってる人」

「絶対に自分の意見を曲げない」

「特別扱いを要求する」

「感情的になってすぐに怒る」


今度は僕は、「じゃあ次は自分の好きなところを書いてみてください」と伝えました。するとと彼女は、

「優しいところ」「気がつくところ」「人に指図せず自分で動くところ」

「感情的にならずに人の良い面を見るところ」

とあげてくれました。

僕は彼女に伝えました。

「これを見てわかりますか？

あなたの長所は全部、お母さんの嫌なところの裏返しになっていますね」

彼女はハッとした表情を見せました。彼女の長所、でもそれらを持てたのは、お母さんという最高の反面教師がいてくれたおかげだった……。

「お母さんを反面教師にした結果、いまあなたが一番幸せを感じる存在であると言っていた子どもたちと、最高の関係を築けているわけですよね？」

そう伝えると、彼女の目から涙がポロリ……。

## イヤなことの背後には、魂の目的がある。

そう見てみる。

ここからはスピリチュアルな話になるので、抵抗のある方は信じなくていいんですが、過去生が視えるという方が、僕と父の関係性をこんなふうに紐解いてくれました。「前世の僕は父のような性格だった」と。

What a wonderful world!

父は厳しくて、学生時代、僕は、休日も遊びに行けず、ずっと家で勉強させられていて、父とわだかまっていた時期があると先に書きました。

前世の僕は、まさに父のような性格で、自分の価値観を強く押し付けるようなタイプだったそうです。

でも、人生最後の瞬間に、それでは幸せになれなかったと気づいた。それで今世では、その間違いを犯さないように、かつての自分の性格を演じてもらうことを父の魂に頼み、その間違いを犯さないように設定して生まれてきたというのです。

実際、僕は父を反面教師にし、子どもの気持ちを何より大事にしています。

過去生の話になると、それが事実なのかどうかは誰にもわかりませんが、そう考えたら、父には改めて、「お役、ありがとうございました」と思えたのでした。

**親を許せないなら、許せなくてもいいんです。**

**でも、許せなくても、感謝することはできるのです。**

Q いやいやいや。ムリムリ。
反面教師とすら思いたくない。
絶対に親を許せない。



# 親を許せなくたって、
# あなたは
# 幸せになっていい。

*What a wonderful world!*

妻の実家で飼っていたヨークシャーテリアは、僕のことが大好きでした。僕が行くと、大喜びで部屋中何周もグルグル走り回り、ずっと僕のそばにいました。一方、新しく飼い始めたチワワは僕のことが嫌いで、何度噛まれそうになったか（笑）。まあ、そのチワワ、家族以外の男性にはほぼ警戒心を解かなかったんですけどね。

人なつっこい犬にだって、好き嫌いがあるんです。

**嫌いな人がいるって悪いことじゃないし、**
**許せない人がいることだって、悪いわけじゃない。**

たとえ親だって、許せないほどひどい親はいます。

そんなときは許さなくていい。

ただし、ひとつだけ許してあげてください。

親は一生許さなくていいので、

# 許せないと感じている自分だけは、許してあげてください。

許せないという気持ちの裏側にある、あなたの気持ちはひとつ。

「もっと愛してほしかった」

「大切にしてほしかった」

その気持ちを、大切にしてあげてください。

ほんとは、許せないんじゃないんです。

まだ、許したくないんです。

ほんとうは親を大好きだったからこそ、
あなたの親への愛が深かったからこそ、
いまは許せないんです。

*What a wonderful world!*

だから、許さなくていいので、ひとまずあなたが幸せになってください。

あなたが幸せになれば、オセロでいうならば右端が白になったことになります。
生まれたときは誰もが白なので、今日が白になれば、その間にどれだけの黒い闇があっても、パタパタパタと全部が白に反転していきます。
親を許すのは、あなたが幸せになったあとで十分です。

親を許せなくたって幸せになっていいんだよ。

**Q** なんのために生きるのか、
わからなくなった。



## あなたにとっての
## 幸せってなに？
## その原点を、いま一度、
## 見つめ直すとき。

*What a wonderful world!*

こんな話があります。
とある田舎町。旅行者が地元の漁師さんと話しています。

旅行者「もっと漁をしたら、もっと魚が獲れるのにもったいない」
漁　師「いやいや。これで十分だよ」
旅行者「それじゃあ、もったいない。あまった時間はなにしてるの？」
漁　師「ゆっくり寝てから漁に出る。戻ってきたら子どもと遊んで女房と一緒に
　昼寝して、夜になったら友だちと一杯やって歌をうたう」
旅行者「君はもっと長い時間、漁をすべきだよ。それであまった魚は売る。お金
　が貯まったら大きな漁船を買うといい。それで工場を建てて、そこから
　魚を世界中に輸出するんだ」
漁　師「そうなるまでにどれくらいかかる？」
旅行者「25年もあればそこまでいく」
漁　師「それから？」
旅行者「今度は株を売却して億万長者になる。
　そうなれば、もう働く必要はない」

漁　師「それで？」
旅行者「引退したら、海岸近くの小さな村に住んで、日が高くなるまでゆっくり寝て、日中は釣りをしたり、子どもと遊んだり、奥さんと一緒にのんびり昼寝して過ごして、夜になったら友だちと一杯やって、歌をうたって過ごすんだ。なあ、素晴らしいだろう？」
漁　師「いや、俺いま、そういう生活してるから！」

## 人はなんのために努力するんだろう？
## 人はなんのために成功したいんだろう？

幸せになるためですよね？
そうであれば、あなたにとってなにが幸せなのかを、一度じっくり自分に問いかけてみよう。

なにが幸せかわかれば、あとはそこに向かうだけですから、話は早い。

*What a wonderful world!*

なんのために生きるかわからなくなったときは、原点に還るときと解釈します。
原点とは、「あなたにとっての幸せってなに？」を考えることです。

**一番大事なことを、**
**一番大切にして生きられたら、**
**それはもう、幸せですよね。**

## Q なんだかんだいって ほんとはやる気がない。

やる気が起きないのは
心に原因があるのではなく
体に原因がある。
「寝る子は育つ」という
格言を信じ、
ひたすら寝る！（笑）

What a wonderful world!

やる気が起きないのは、自分のせいだと思っていませんか？

やる気が起きないのは、あなたのせいじゃない。

ただ、あなたの「体」が疲れているだけです。

やる気が出ないときは、有給をとって、ひたすら寝てみてください。

1週間も寝たら、自然となにかしたくなりますから。

そして、あなたの「体」に、もっともっとごほうびを与えてください。

おいしいものを食べに行ったり、源泉掛け流しの温泉や自然の空気がいいところに旅行に行ったり。素敵な服やバッグを買うのもいい。


心が苦しいとき、心の問題から解決しようとすると、遠回りになることがあります。

「心の疲れ」＝「体の疲れ」ととらえて、心が苦しいときは、体をリフレッシュさせることを考えるほうが早いのです。

軽い運動をして汗をかくのも、体のリフレッシュになります。

## 精神力とは身体力なんです。

なんで僕がこう考えるようになったか？

それは、僕の周りにいる天才たちの多くは、人生のどこかの時期で、ひたすら寝ていた時期があることに気づいたからです。


先日も、すごい絵を描かれる20代前半の画家さんと会い、聞いてみました。

「人生の一時期、無性に寝てばかりいた時期はありませんでしたか？」って。

「なんでわかるんですか？」と驚いていました。

人気作家よしもとばななさんも、寝てばかりいた時期が数年あったそうです。

## やっぱり、寝る子は育つ！

僕も、周りから忙しそうに見られていますが、かみさんには、「あんた、なんだかんだいって忙しいふりして、寝てばっかり！」とよく文句を言われています。

だって、寝ないといい本書けないですからね。


僕は世界を変えるために、たっぷり寝るのです！（笑）

「深く眠っていても魂は働いており、世界の役に立っている」

ヘラクレイトス（ギリシャの哲学者）

寝すぎちゃったなんて罪悪感はいらない。安心してゆっくり寝てください。

もうひとつ、よく寝る以外に、気力を上げる秘訣は、1週間、朝日を浴びながら散歩してみることです。

睡眠と朝日は、水戸黄門におけるスケさん、カクさんみたいなもんです。

えっと睡眠のほうがスケさんです（笑）。

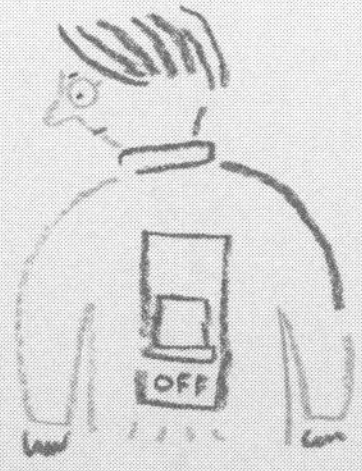

## Q 「最近、いいことないな」って思ったら？

いいことがないんじゃない。
いい言葉を使ってないだけ。
「は〜、しあわせだな〜」と、
とりあえず
3回つぶやこう。

What a wonderful world!

お医者さんのグループで、次のような実験をやってみたそうです。

5人の先生が別々に、「あれ？　今日は顔色が悪いけど、どうかしたんですか？」と声をかけると、健康だった人が、なんと病気になってしまったのだとか。

今度は逆に、「今日は顔色がいいね」と病気の人に声をかけると、患者さんはどんどん良くなっていった。

この実験を通してお医者さんたちは気がつきました。

**「もしかしたら私たちは、**
**言葉で患者さんを病気にさせていたのかもしれない」と。**

そうです。

# 人は言葉で幸せになれるんです。

「なんか、最近いいことないなー」って思っている人は、いいことがないのではなく、いい言葉を使っていないだけなのです。

試しに、温泉につかっているイメージで、「は〜」と脱力して「は〜、しあわせ〜」とつぶやいてみてください。

脳はある現象が起きたときに、勝手に合理的な理屈を見つけ出そうとする働きがあります。つまり、「は〜、しあわせ〜」とつぶやくだけで、その瞬間、脳では、幸せなことを見つけ出そうとする検索機能が勝手に働きます。

**「言葉」は、なりたい「幸せ」を引き寄せる検索エンジン！**

「幸せ」と検索すれば、

「今日ごはんが食べられること」

「歩けること」

「目が見えること」

などというふうに、小さな幸せにたくさん気づけるようになります。


幸せな人って、小さな幸せを見る人。

不幸な人って、小さな不幸を見る人。

どこを見ようとしてるかの違いだけなんです。

Q 働く意味が見出せなくなってしまったら、なにから変えていけばいいのだろう。



仕事とは感動を与えること。まず、仕事に対する解釈を変えてみる。

経営の神様と言われた松下幸之助は、インタビューで、「なぜ土地に手を出さなかったのか？」と聞かれたことがありました。土地を買えばカンタンに儲けることができた時代に、彼は土地に手を出さなかったからです。

結果的に、不動産バブルがはじけ、多くの会社が倒産するなかで、幸之助はその難を逃れました。

なぜ土地に手を出さなかったのか？

それは、松下幸之助の仕事に対する解釈が違ったからです。

## 「仕事とは感動を与えること」

みんなの生活を潤すものをつくり、感動を生み出す。それが彼にとっての「仕事」であり、土地を買って値上がりしたところで売るのは、仕事でもなんでもなかったんです。

僕の友人で、おむすび屋をやっていた人がいます。

「自分はおむすび屋である」と思っていたときは、赤字続きで、社員もよく辞めていたそうです。幹部社員から同時に「辞める」と言い出されたこともあった。そのとき、社員を引き留めるだけの夢を語れない自分に気がつき、働く意味が見出せなくなったそうです。

そのドン底のなかで、自分の仕事の原点を見つめ直した。「自分はおむすびを売るだけの人生なんだろうか?」って。

結果、たどり着いた心躍る仕事に対する認識がこれ。

## 「自分の仕事は、食を通して、日本人が大切にしてきた食文化を伝えていくこと」

日本人が大切にしてきた食文化を伝えるのが、自分のミッションなんだ。

そう考えると、やりがいが生まれた。そして、ただおむすびを売るのではなく、おむすびの素材一つひとつの生産者のこだわりにフォーカスするようになった。そして、生産者が大事にしてきた伝統やこだわりを店頭のポップやニュースレターでお客

What a wonderful world!

さんに伝えるようにしたところ、次第に社員にもやりがいが生まれて辞めなくなり、ついには黒字に転じたのです。

仕事に対する解釈を変えると、発想が変わり、出るアイデアもまったく変わってきます。

だから、これからはこう考えてみてください。

**「私の仕事は、人を幸せにすることである」**

そう考えたら、発想が大きく広がるはずです。

## Q 正直言うと、夢がかなう気がしない。（夢のかなえ方　その3）

# 夢がかなわないのは、夢が小さすぎるから。

*What a wonderful world!*

かなえたい夢がある人は、いま抱いている夢と同時進行で、

## 「インドで俳優になるという夢を持て!」

と僕は強くおすすめしています。

インド映画は、どんなシリアスな場面でも、突然歌って踊るシーンに切り替わるものが多い。ほとんどミュージカル形式なんです。つまり、インドで俳優になるには、歌って踊れなければならない。日本人が「インドで俳優になる」って、絶対ムリそうですよね?

国民の多くが血液型B型の国でムービースターになることは、几帳面な日本人にとって達成不可能と言ってもいいほどの夢ですよね。

そこで、ほんとうの自分の夢を思い出してほしいんです。

すると、インドで俳優になるのに比べたら、

「あ、それ余裕だわ。ちょろいわ」って思えてきますよね?(笑)

「ちょろいわ」って思えたら、俄然、夢はかないやすくなります。

これが、「インドで俳優になる夢を持つと、ほんとうの夢がかないやすくなる理論」の全貌です。

え、なんの役にも立たなかったですか？（笑）それはそうです。

これは冒頭のただの小話ですから、ここからがまじめな本題です（笑）。


要は、絶対に実現不可能そうな途方もない大きな夢をひとつ持つことをおすすめしたいんです。

「世界から戦争を終わらせるくらいの愛の物語を書いて、ノーベル平和賞をとる」

「1兆円稼いで世界中の貧しい子どもを救う」

「坂本龍馬を超える革命家になる」

などといった、大きな夢を持ってほしい。

**I have A BIG DREAM!**
**すると、目先の夢や目標が通過点になる。**

夢は、その夢にびびっている間はかないません。夢はかなえるものではなく、ただの通過点になったときに、いつの間にか、かなっているものなのです。

世界を平和にしたいという夢を持って行動してる人は、「今月の家賃払えるかな」なんて悩んでなさそうですよね？


**大きな願いを持つと、いつの間にか小さな願いは全部かなっているもんなんです。**


瓦割りの達人は瓦を割るときに、1枚目の瓦に意識を置いていません。最後の瓦に意識を向けています。すると、そこまでエネルギーが通る。

大きな夢をかなえる過程で、小さな夢なんか勝手にかなっていく。

夢がかなわないのは夢が小さいからであり、夢が小さいことが人生の最大のリスクなんです。

# ジティブには考えられないよ……というあなたへ

「ポジティブな言葉を言うように心がけていても、
ついつい弱音を吐いたりネガティブに考えてしまう。
そんな私はダメだって『罪悪感』を覚えます」

こんな悩みを抱いている人は多いと思います。

ちなみに、僕にはその罪悪感はありません。「ネガティブな言葉だって、言っていいじゃん」と思っているからです。この場合、罪悪感が生じるのは、「ポジティブな言葉を使うべきだ」という「解釈」（思い込み）があるからです。

プロローグでも伝えた通り、人の行動は、このような流れの中で生じます。

**①出来事（事実）→②解釈（意味付け、思い込み）→③感情→④行動**

**③「感情」は②「解釈」があってこそ生まれます。**
「感情」は原因ではなく結果なので、結果自体をなんとかして変えるなんてことはできないんです。原因は「解釈」にあります。

## 「解釈」とは別の言葉で言うなら、「意味付け」「思い込み」「価値観」「信念」です。

あなたが、「～ねばならない」「こうすべき」「こうであるべき」「これが正しい」「これは間違っている」と思っていること全般が、あなたの「解釈」です。

例えば、「嫌われてはいけない」という「解釈」があると、人目を気にするような「不安」が生まれます。

「明るくならないといけない」という思いからは、暗い自分に対する「嫌悪感」が生まれます。

「弱い自分を見せてはいけない」という思いから、弱い自分への「苛立ち」が生まれます。

「頼まれごとは断ってはいけない」という思いから、断ることの「罪悪感」が。

「学校には行かないといけない」という思いがあるから学校に行かない子どもに「イライラ」します。

「すべての人と仲良くしなくてはいけない」という思いがあるから、仲良くできない自分を「嫌ってしまう」。
「感情」の背後には必ず、その原因となる「解釈」があるんです。

ただし、問題の「解釈」（意味付け、思い込み、価値観）は自分にとってごく当たり前の〝常識〟であるため、疑うこともないし、ふだんはなかなかその存在にすら気づけません。でも、嫌な感情が出てきたときこそ、見つけるチャンスです。

## 嫌な感情の裏側には、必ず「解釈」（思い込み）があるからです。

嫌な感情が出てきたときはチャンス。「自分はどんな思い込み、価値観を持っているから、この嫌な感情が出るんだろう？」と考えてみればいいんです。すると、「嫌われてはいけない」「間違ってはいけない」「学校には行かなければならない」などというように、自分を制限しているものが、いろいろと出てきます。

## そうはいっても、そんなにポジティブには考えられないよ……というあなたへ

思い込みが出てきたら、

「あ、自分はそう思っていたんだな。はい、OK!」

と、ただ、認めるだけでいい。

そこに、いい・悪いの価値判断を挟まなくていい。

判断すると、またそこから自分を責めて、無限ループに陥ります。

なにが自分を自由にさせていないのか。そこを見極めるだけで、そこから自由になれます。幽霊だって、正体がわかってしまえば、怖くないんです。

ムリしてポジティブにならなくていい。

ほんとのポジティブとは、ネガティブをありのままに受けいれた状態です。

ありのままを受けいれると、素(ニュートラル)に戻れます。

素に戻れたら、もっと自由に未来を選択できるようになるんです。

Q いろいろ学んでいるはずなのに、結局、自分はなにも変わっていない気がする。

# 変わっていない気がするのは、気のせいだ！

What a wonderful world!

# 人は100%変化しています。

むしろ「変わるな!」と言われても不可能なほどに、人はいつもいつも変化しています。

その証拠に、あなたは3ヵ月前とは完全に別人です。

細胞は3ヵ月で新陳代謝していくので、3ヵ月前に比べて、まったく新しい細胞であなたの体は構成されているのです。骨だって1年ですべて変わる。1年経てば体の隅々まで別人なのです。

**あなたが変わっていないと思っているから、変わっていないように見える現実を創造しているだけなんです。**

変わっていないような気がするのは、髪の毛のように少しずつ成長しているから、日々の自分の変化に気がついていないだけです。

僕もあなたも、刻一刻、一瞬一瞬変化しています。
恋人だって家族だって昨日とは違います。

**一瞬一瞬、すべて新しいのです。**

なんなら、5年前の自分と比べてみてください。
10年前の自分と比べてみてください。
できるようになったことがいっぱいあるはずです。

「男子三日会わざれば刮目《かつもく》して見よ」という言葉が中国にあります。
3日も会わないでいると、驚くほど成長しているものだから、目をこすってよく見よという意味です。

変われないと悩まなくて大丈夫。
むしろ変われないことができないくらい、僕らは毎日変わっているのです。

*What a wonderful world!*

## 瞬きする間に、新しい自分です。

今日は、昨日とは、違う、まったく新しい自分なのです。

**Q** 誰の役にも立っていない自分は、生きていていいのでしょうか。



**全然いいよーーー（笑）。**
**役に立ってないって**
**ウソだから！**

What a wonderful world!

地球で一番栄養が集まるのは深海の海溝です。そこに比重が重い「リン酸」が沈んでいます。この「リン酸」こそ、実は森がゆたかに育つために欠かせない成分です。

**森に欠かせない成分が、深海の海溝にある。**
**これが地球のミステリーです。**

では、どうやって深海の「リン酸」が森に届くのか？

まず、深海の海溝にいる小さなエビが「リン酸」を摂取します。「リン酸」を摂取したエビが今度は深海魚に食べられる。この深海魚を中間層にいる魚がパクリ。そうこうするうちに、海溝に沈んでいた「リン酸」が海面の上層を泳ぐ魚たちのところまで浮上。しかし、いまだ海の中。ここからどうやって森の中に突入するのか。

そこで「オッケー俺に任せろ！」という魚が登場します。

ＳＡＫＥ（サケ）です！

サケは文字通り命をかけて、海を脱出して川をのぼっていきます。海水から淡水の一番きれいな水のところ、つまり湧き水のところに到達したら、そこで燃え尽き、死にます。そこにサケの情熱を無駄にしないという漢（おとこ）があらわれます。

KUMA（クマ）です！

クマがサケを森の中で食べ、ついに「リン酸」が森の中に届くのです。今度は、クマが残したサケを食べて、山の頂上まで行きフンをする動物があらわれます。

TANUKI（タヌキ）です！

タヌキが山の頂上でフンをする。これにて、ついに深海の海溝にあった「リン酸」が山の頂上にまで届きました。最後に雨が降り、リン酸は森全体に届きます。

## Life is beautiful.

この世界は、それはそれは見事な調和のなかで成り立っているんです。

タヌキがただ頂上でフンをする。それだけでも世界を救っているのです。

*What a wonderful world!*

同じことが人間にもいえます。誰の役にも立っていないと思うのは自由です。でも、実際は、あなたがあなたでいるだけで、誰かの役にめちゃめちゃ立っちゃってるんです。あなたの知らないところでね。

少なくとも、あなたが吐き出す二酸化炭素が植物たちを救っている。

仮に、足元に咲いているタンポポを「きれいだな」と思ったとします。あなたは、そのタンポポをまさに祝福したことになります。それは偉大なる価値ある行為です。

だって、そのタンポポが存在する価値をあなたが生み出してくれたからです。

少なくとも、この本を読んで、あなたに面白いと思ってもらえたら、僕だって作家になったかいがあります。ありがとね。

**あなたはあなたでいるだけで素晴らしい。**
**あなたはあなたでいるだけで価値がある。**

そう気づける日が来るから、それまで生き延びよう。

**Q** 自分が変わったところで
世界は変わらないと思う。
だから変わらなくていいのでは?



# あなたがご機嫌に過ごすだけで、世界平和に貢献している!

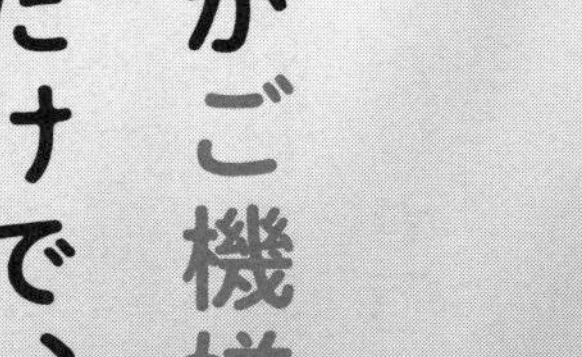

人間の犯す最大の罪ってなんだと思いますか？
人を責めることでしょうか？　怒りに任せて怒鳴ることでしょうか？
こんな言葉があります。

## 「人間の最大の罪は不機嫌である」

あるラーメン屋での例をあげて説明しましょう。お客さんが味噌ラーメンの食券を買ってイスに座りました。店員が「味噌ラーメンでよろしいですか？」と聞くと、お客さんは、「食券見ればわかるだろうが！　いちいち確認すんじゃねーよ！」と怒鳴った。怒鳴られた店員は、ラーメンを作ってる職人にうっぷんを晴らすかのように怒鳴り声でオーダーを伝えた。すると職人は腹を立てた。

この職人は、嫌な思いをひきずったまま帰宅。ビールでも飲んで発散しようと冷蔵庫を開けるけれど、ビールがないので妻を怒鳴った。妻はイライラし、子どもがピーマンを残しているのを見て怒鳴りつけた。

子どもは翌日、学校で友だちに因縁をふっかけてケンカになり、母親が呼び出された。事情を聞いたところ、昨晩母親に怒鳴られたことにモヤモヤを感じ、ケンカになったと判明。帰宅した母親が父親にそのことを告げると、実は父親も職場でキレられて、妻にあたってしまったことがわかる。

翌日、父親は店員に「なんで昨日いきなりキレたのか?」を問うと、不機嫌な客にむかつく対応をされたことが発端だったことが判明。

これ、フランチャイズのラーメン屋さんの説明会で話されている実話だそうです。

**不機嫌は伝染していきます。だから最大の罪なのです。**

ということは……、逆にあなたがご機嫌でいることは、周りにハッピーを投げかけているということなんです。ご機嫌も周りにどんどん伝染していくからです。

ハーバード大学が1万2000人以上を対象に30年以上にわたって追跡した研究によると、日々接している家族や友人が幸せを感じていると、あなたが幸せを感じる可能性が15%高まるとわかっています。

さらに、幸せは友だちだけではなく、その友だちにまで影響がおよぶことがわかっています。

What a wonderful world!

例えば、あなたの友だちAさんの友だちに僕がいたとします。こういうことです。

① あなた
② あなたの友だちAさん
③ Aさんの友だち（ひすい）

①のあなたと③の僕は、間にAさんがいるので、直接の面識はありません。しかし、僕がすごい幸せを感じて生きていると、僕の幸せがAさんに伝わり、面識のないあなたにまで影響は届き、あなたの幸福度が10％高まるということがわかっています。

あなたの幸福は、友だちの友だちにまで影響を与えるのです。

**あなたがハッピーでご機嫌でいるだけで、あなたは世界の幸せの立役者になれているのです。**

さあ、今日もご機嫌でいこう！　ルンルン♪

## Q 夕日を見ると、なんだか寂しい気持ちになる。

# 夕日が沈む瞬間に
# 願いを放つと、かなう！

What a wonderful world!

「流れ星に願いを言うとかなう」と言われているのはなぜか？

流れ星が流れるのは一瞬です。その一瞬で願いを言えるということは、ふだんからかなえたい夢のことを考えているからなんです。

## 夢を思い出す回数と、夢がかなっていくスピードは比例するんです。

僕は、作家になる前、あるセミナーに出て、「いつかカフェを開くのが夢です」と語ったことがあるんです。でも1ヵ月後、その夢はかなうことはないだろうなと悟りました。なぜなら、その1ヵ月間、カフェのことを1回も考えてなかったからです。

1ヵ月の間に、どんなカフェにしたいか1回も考えないなんて、それはもう夢じゃない（笑）。

だから、かなえたい夢のことを、日常の中でもっと思い出す仕掛けをつくっておく必要があるわけです。

実は、その仕掛けに最高なのが、夕日です。

ギネス・ワールド・レコーズで「人類史上もっとも成功したエンターテイナー」として認定されている King of Pop マイケル・ジャクソン。

彼がありとあらゆる夢を次々にかなえることができたのも、実は、夕日に秘密がありました。

「日が沈むのを見るときには
いつも静かに自分の秘密の願いごとをするようにしていた。
最後の光の一片が水平線に隠れて消えてしまう、
その直前に願うんだ。
すると、太陽が僕の願いを受けとめてくれる。
そのとき、願いは、ただの夢ではなく、目標に姿を変えるんだ」

そんなふうに、マイケルは自らの夢のかなえ方の秘密を語っています。

日の出じゃなくて、日が沈む瞬間というのがマイケルらしい。

*What a wonderful world!*

これからは、夕日を見たら、「ほんとはどうしたい?」と自分に問いかけて、自分の本心や夢を思い出す時間にしましょう。

**夕日＝夢**

**夕日を見るたびに、ほんとうはどうしたいか、どうなりたいかの夢に思いを馳せよう。**

夕日が空を染めるとき、あなたの心も夢に染まるのです。

Q すぐに嫉妬するし、憎みもするし、恨みもするし、愛の足りない自分に嫌気がさす。

# 嫌気がさすのは
# ほんとうは
# 愛したいからです。

世界最古の叡智といわれる古代インド哲学「ベーダ」。ベーダが説く宇宙観では、古来、この世界にはひとつなる意識しかなかったというのです。そして、そのひとつなる意識（神）は、そのままで至福に溢れていたわけです。

しかし、その至福を捨ててまで、分離することを選んだのです。

分離しなければ、憎しみも、嫉妬も、恐れもなかったのに、わざわざ分離を選んだのです。

なぜ神は、至福を捨ててまで分離を選んだのでしょうか？

ベーダでは理由をこう説明しています。

## 「愛したかったから」

ひとつなる意識では、そもそも愛する対象がいないので、愛するという体験はできないんです。

憎しみも、恐れも、嫉妬も、なんのために存在するかというと、

**すべては、愛を体験するためなんです。**

愛の出番をつくるために必要なのです。
目的は、愛です。

**この星は、愛じゃないもので溢れています。**
**逆から見れば、**
**愛を発揮するチャンスで溢れています。**

怪獣がいなければウルトラマンの出番もないように
憎しみも、恐れも、不安も、ありとあらゆることが起こりうる、
この星に、あえてあなたが生まれきたその理由は、愛を発揮するためです。

*What a wonderful world!*

そろそろ思い出してきたかな？
この星は愛を学べる最高の場所。
思いきり楽しんでいってください。

Q 私の人生はずっと、
辛いこと、苦労の連続。
これでいいの？

人生のラストシーン。
辛い思い出は、
幸せな思い出に
変わる。

*What a wonderful world!*

ある方が老人ホームで、
「これまでの人生で、一番幸せだったことは？」
と問いかけたら、みなさん「は？　幸せ？」という感じで、まったく盛り上がらなかったそうです。
しかし、次のように問いかけたら、俄然盛り上がり始めた。

**「これまでの人生で、一番心に残っていることは？」**

この質問に、おじいちゃん、おばあちゃんたちは、みんなイキイキして話し始めたそうです。
どんな話を？

**それぞれの苦労話を！　辛かった話を！**

「イヤイヤ、わしのほうがもっと大変だった！」「イヤイヤ、わしのほうが！」と、不幸の自慢合戦となった。

**その苦労話を話してるときの顔が、**
**これまた、最高にイキイキして輝いていたそう（笑）。**

それを聞いていて、なんだかわからなくなったといいます。

人は、幸せになるために生まれてきたのか、
それとも、苦労を楽しむために生まれてきたのか。

幸せって、振り返ったときにそこにあるものなんです。
大変なことに思いきり直面し、逃げ出すこともできず、泣きながら向き合った思い出が、いつの日かかけがえのない思い出に変わるのです。

*What a wonderful world!*

人生には2つの贅沢な時間があります。
楽しんでいる時間か、学んでいる時間。
辛いときほど、深く、深く、深く、学んでいるのです。

## Q 病気になったことが受けいれられないときは？

# 病気になったのは、過去に原因があるのではなく、未来に原因がある。

What a wonderful world!

結婚コンサルタントをしている白駒妃登美さんが歴史にくわしいことを知り、一緒に歴史の本を作ろうと提案したとき、実は彼女は、ガンが再発した直後でした。

主治医から「この状態で助かった人をいままで見たことがない」と言われ、目の前が真っ暗になったそう（白駒さんがそんな状況にあることを、僕はまったく知らなかったのですが）。

「これから先、お子さんの世話をどなたにしてもらうか、まだ体が動くうちに、早めに家族で話し合って考えておいたほうがいい」

主治医のその言葉が遠くに聞こえたそうです。

白駒さんは、この日から一切笑うことができなくなりました。かわいいさかりの小学生のお子さんふたりをおいて、先立たなければいけない。夜、子どもたちの寝顔を見ると、涙が止まらなかったそうです。

やりたいことを次々に実現していて、仕事は充実していたし、食事だってちゃんと気をつけていた。年齢だってまだ40代。

「なぜ私が、ガンに？」と自分がガンになったことが受けいれられず、ずっと泣き暮らしていました。

そんなある日、友人がこう言ってくれた。

**「私は、妃登美ちゃんが笑顔じゃなくても、**
**どんなに不機嫌でも、**
**生きていてくれるだけでうれしい」**

そのころはもう、笑顔でいられなくなっていた妃登美さんですが、「笑顔でなくても私がただここにいるだけで、誰かの希望や勇気になっているのだとしたら、たとえガンが治らなくても、幸せな人生だな～」と感じたそう。

**このときに、いままでずっと受けいれられなかった病気、**
**その原因は、「過去」にあるのではなく**
**「未来」に原因があるのではないかと、ふと思えたそう。**

ガンを乗り越える過程が、未来の自分をより輝かせるために必要な体験になるのではと。そう考えたら、見慣れていた景色が輝いて見え始め、希望と気力が湧き上がってきた。

すると次の検査で奇跡が起きたのです。なんと、ガンが消えていた。

おかげで、僕との共著である『人生に悩んだら「日本史」に聞こう』（祥伝社）も無事完成し、いまや、白駒さんは全国を講演で飛び回り大人気の歴女になっています。ほんとうにガンの経験は、輝ける未来のためにあったのです。

「どんな辛いことも
悲しいことも、嬉しいことも
楽しいこともみんな
いつかのいい日のためにあるのよね」
笹田雪絵（エッセイスト）

Q　心配性で、未来に対して
いつも漠然と不安を感じている。
この気持ち、どうすればいい？

# 未来は決めるもの。
# 根拠はいらない。
# 未来はバラ色と
# 決めてしまえ。

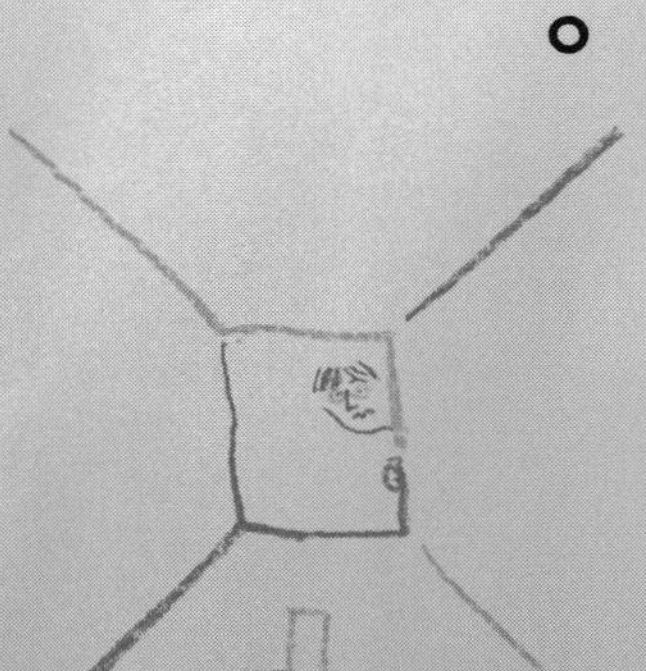

What a wonderful world!

「せんちゃん」と呼ばれるある男性は、1億円の借金を背負うことになったうえに、当時無職でした。どう生きていいのかわからなくなった彼は、コンサルタントの福島正伸先生に相談しました。

しかし、深刻な悩みを打ち明けているにもかかわらず、福島先生はなぜかニコニコして聞いていた。一瞬、せんちゃんは「あれ？　なんか俺、楽しい話をしてるんだっけ？」とわからなくなりかけたそう。

一通り話し終わると、福島先生はこう言った。

**「せんちゃん！　世界を変えるときが来たね！」**

「え？　この僕が世界を変える？」

**「そうだよ。人生が終わるような目に遭っている人こそが、世界を変えていくんだよ」**

福島先生の目は本気だった。本気でそう信じている目をしていたそう。

「だから、『そうかもしれない』と僕も本気で思えちゃったんです。福島先生は、その人の現在の状況にはまったく興味がない。ただ、その人の未来が輝いていることを、その人の何千倍も信じてくれるんです」

自分すら自分の未来に期待していなかったのに、そんな自分に、福島先生は心底希望を感じ、ワクワクしていた。

ならば、自分も自分の未来の味方になろうと、未来の自分を信じてみようと、せんちゃんは決めた。

すると、せんちゃんの人生が大きく旋回を始めたのです。

これは、いまや全国でひっぱりだこのスーパー人気コンサルタント「せんちゃん」こと、千田利幸さんの物語です。

僕は福島先生にお会いしたときに聞いたことがあります。

「福島先生はどうしてそんなに人を信じることができるんですか?」と。

福島先生はこう言いました。

*What a wonderful world!*

**「僕は人を信じることを仕事にしたかった」**

福島先生は決めているのです。自分が出会う人は、みんなすごい人なのだと。

**未来は「考える」ものではなく、「決める」ものだったのです。**

『思考は現実化する』（ナポレオン・ヒル）という古典ともいえるバイブルがありますが、正確にいうと、思考が現実化するんじゃないんです。決めたことが実現するのです。

なにが見たいのか。どう生きたいのか。

決めてしまえばいいのです。

Q 2匹の狼が闘っている。1匹の狼は「恐れ」「怒り」「嫉妬」「エゴ」の象徴。もう1匹は「喜び」「平和」「愛」「希望」「信頼」の象徴。 勝つのはどっち?

君が選ぶほうさ。

What a wonderful world!

ネイティブ・アメリカンに伝わるこんな話があります。


2匹の狼が闘っている。

1匹の狼は恐れ、怒り、嫉妬、哀しみ、後悔、欲、傲慢、自己憐憫、罪悪感、恨み、劣等感、そしてエゴの象徴。

もう1匹は、喜び、平和、愛、希望、分かち合い、安らかさ、謙虚さ、親切、友情、共感、寛大さ、真理、思いやり、そして信頼の象徴。

この2匹の狼が闘っている。

ひとりの子どもがおじいさんに尋ねます。

「Which wolf will win?」（どっちの狼が勝つの？）

おじいさんは答えた。


**「The one you feed」**

**（君が育てるほうだよ）**

実は、これと同じ闘いが、あなたの心の中でも、そして、すべての人の心の中でも起きています……。

**君が見たいほうが現実になるのです。君が選ぶほうが現実になるんです。**

この世界にあるものはすべて誰かがそう望んだから存在しているものばかりです。あなたの部屋にあるイスだって、ノートだって、ペンだって、冷蔵庫だって、服だって、時計だって、デザインした人が望んだものが出現しています。

だからこそ、不安ではなく希望を選ぼう。ときめきを選ぼう。
恐れではなく、愛を選ぼう。
「現状こうだから」「過去はこうだったから」という理由で未来を描くのではなく、「ほんとは、こうありたいんだ」という史上最高の未来を選ぼう。

What a wonderful world!

最高の未来から逆算して、
今日を生きよう。
君が選ぶほうが、
この星の未来だ。

# THE LAST MESSAGE

## 「どんなことも7世代先まで考えて決めなければならない」

これはネイティブ・アメリカンの言葉です。

彼らがなにかを選ぶときの基準は、7世代先の子孫が笑顔になるかどうかなんです。

そんなふうに、一人ひとりが見たい世界を選んだら、この世界は一瞬で変わりますよね？


僕が心理学を学んだ衛藤信之先生は、ネイティブ・アメリカンの人たちと1年間一緒に暮らしたことがあります。

彼らは、儀式で使う1本の木を切り倒すのに、どの木を切れば7世代先の子孫たちが困らないか、喧々諤々の話し合いをしていたそうです。

たった1本の木を切るのに、そこまで子孫たちのことを真剣に考えるのです。

そして1本切ったら、1本植える。

考えてみてください。

この決断が100年後の未来まで変えています。

僕らは、1秒の決断で、

100年後まで変えられるのです。

それができるのは人間だけです。

僕ら人間が、この星の未来を託されているのです。

この星は、僕らの夢でできあがる。

# Made in Dreams!

１００年後の子どもたちがワクワクするような現実を、
いまこそ選ぼうよ。

僕は知っています。
君はそのために生まれてきたことを。
だから、この本を手に取ったのです。
未来のあなたが、手に取らせたのです。
いよいよ、あなたの愛の出番です。

最後まで読んでくれてありがとう。

# Epilogue

## 「蛇の解釈」

子どものころの僕の一番の遊び場は、家の前の神社、新潟三条の八幡宮でした。

八幡様で遊び育った僕としては、いつかその総本宮である大分の宇佐八幡宮にごあいさつに行きたいと思っていました。その思いが、大分講演の翌日にかないました。スタッフのみなさんが連れていってくれることになったのです。

宇佐八幡宮の本宮は、標高６４７メートルの頂上付近に鎮座しています。

奥宮は、そこだけ次元が違うような独特の静けさが漂っていました。

その帰り道、山を車でおりていると、運転手さんが急に車を止めたんです。

なにかいる！

なんと、蛇でした。しばらくみなで蛇を眺めていたところ、蛇はまたすっと動き出して、山の中に消えていきました。

帰りの空港のカフェで、みなこの蛇の話で盛り上がっていたなかで、スタッフのひとりが、

「蛇は神の使いだっていうから、今回の旅は祝福されていましたね」

と言いました。

すると、先頭の車を運転していた男性が、神妙な顔つきで話し始めました。

「実は、僕の車は気づかなくて、蛇をちょっとかすっちゃったんです。そのあと、生きていたと聞いてほっとしたんですけど、神様の使いを車でひいちゃったなんて、バチが当たるんじゃないかと気が重くて……」

ちゃんと蛇は元気だったのを確認したと伝えても、彼の表情からは曇りがとれない。

元気のない彼を見て、僕は彼の力になれるような話をしたいと思ったんです。その瞬間に僕の目に入ったのは、15分前に買った天然水のペットボトルに印字された「湧き水」という文字。サインはタイミングに宿る。僕はこの「湧き水」というサインを「彼の可能性が湧き上がるとき」と解釈し、そんな思いを秘めながら彼と会話してるうちに、次第にこんな話になったのです。

「これからどんなことをやっていきたいんですか？」

「これからは仕事で学んだことを情報発信していきたいと思っています」

「それはいつやるんですか？」

「そうですね。これから準備をして5年先くらいに」

「発信するのは5年先じゃないですよね？　だって、もうあなたは、準備ができている。あなたの力も可能性も湧き上がっている。だから今日からでも、明日からでも始めるといいと思います。

蛇を踏んでしまったこと、気にしてるでしょ？　でもよく考えてみてくださ
い。今回、神様の使いである蛇に直接かすったのは、僕らのなかで、あなただけですよね？　だから、きっとあなたが一番早くいい変化が起きると思います」

「あ、蛇のこと、そんなふうに解釈するんですね。なんだかうれしくて泣きそうです」

彼の表情がパッと明るくなりました。

さらにこの日、飛行機が20分遅れていたのですが、僕はそれもこう解釈して彼に伝えました。

「いまのこの会話だって、飛行機が20分遅れたからこそできたわけですよね。天が、このことをあなたに伝えるようにという意味で、きっと飛行機が遅れたんですよ」
「そうか、飛行機が遅れたこともそんなふうに解釈するといいんですね」

世界は白いキャンバスなんです。
だからこそ、みんなが喜びを感じられるように、楽しくなるように、そして、可能性が開くように、この世界を自由に解釈すればいいんです。
蛇のことで彼からお礼を言われましたが、むしろお礼を言いたいのは僕のほう。彼の「あ、そんなふうに解釈するんですね」という言葉を聞いたときに、本の新しい企画が湧き上がったからです。

**「解釈ひとつで、世界は素晴らしい場所になる」**

という本のアイデアです。そう、それがこの本です。

どう解釈するか、どう認識するかで、現実の見え方がまったく変わります。
あなたの「認識」こそあなたの「世界」そのものです。
つまりあなたこそ、この世界の救世主だったのです。
だから、神社のご神体は鏡なんです。

**あなたが変われば、鏡に映るこの世界も1秒で変化します。**

幸せは現実が決めるのではなく、あなたの心が決めるのです。

『3秒でハッピーになる名言セラピー』でデビューしてから10年。
いま、この本を書くことができたことが、ほんとうにうれしくありがたいです。
最後まで読んでくれたあなたが大好きです。

……と、あとがきを書いてから9年。
またこの本をリニューアルして新たに世に出していただけることになり、
ほんとありがたい限りです。

蛇から生まれたこの1冊。
蛇は脱皮、生まれ変わりの象徴としての吉兆です。

一緒に生まれ変わり、愛で世界を染め直していきましょう。

僕らは、もう、「見方」という、最高の味方を手に入れたから！

Play with love
We are the future.

次はYouTube「名言セラピー」で逢いましょう。
ひすいこたろうでした。

## 出典・参考文献


「あした死ぬかもよ?」ひすいこたろう（ディスカヴァー・トゥエンティワン）

「3秒でハッピーになる名言セラピー　英語でしあわせ編」

ひすいこたろう＋アイコ・マクレーン（ディスカヴァー・トゥエンティワン）

「今日は人生最悪で最高の日」ひすいこたろう（SB Creative）

「ものの見方検定」ひすいこたろう（祥伝社）

「悩みはこうして幸福に変わる」ひすいこたろう＋スズキケンジ（大和書房）

「人生に悩んだら『日本史』に聞こう」ひすいこたろう + 白駒妃登美（祥伝社黄金文庫）

「しあわせのスイッチ」ひすいこたろう + ひたかみひろ（王様文庫）

「世界で一番かわいい名言」ひすいこたろう（祥伝社黄金文庫）

「こんなところまで読んでくれる、あなたに明日、最高に嬉しいことが起きますように」

ひすいこ・たろう（ディスカヴァー・トゥエンティトゥ）

「うまくいかない人間関係は『愛の偏り』が原因です」矢野惣一（廣済堂出版）

「神様につながった電話」保江邦夫（風雲舎）

「人生を笑撃的に素敵にする逆転本」

「ありがとうの神様」小林正観（ダイヤモンド社）

「臨死体験3回でみた2つの未来」木内鶴彦（ヒカルランド）

「雨の日には…」相田みつを（文化出版局）

「一歩を超える勇気」栗城史多（サンマーク出版）

「NO LIMIT」栗城史多（サンクチュアリ出版）

以下ホームページ

「癒されながら夢が叶う『優しい生き方』の心理学」矢野惣一

「夢を実現する今日の一言」福島正伸

「まなゆいオフィシャルサイト」小玉泰子

「深呼吸する言葉」きつかわゆきお

## *Special Thanks*

大山聡子（編集）

ミッチエルあやか（HISUIBRAIN　編集協力）

小林正観　衛藤信之　矢野惣一　スズキケンジ　菅野一勢

Noriko Leedy　ぴーち　ひろき　文菜　育代　大原礼子　名取直子　古谷薫

この10年間、僕を育ててくれたディスカヴァー・トゥエンティワンの皆様。

そして、この10年間、僕の本を売ってくださった本屋さん、

そして何より、こんなところまで読んでくれてる君に。


**●次はYouTube「名言セラピー」で逢いましょう。**

https://youtube.com/@hisuikotaro

**●最新情報はLINE公式アカウントから。**

QRコードからいま登録いただくと、ひすいお気に入りの4つの名言解説音声もプレゼント！

https://lin.ee/eCQFwXM

**●ひすいのオンラインサロン「ひすいユニバ」**

https://hisui-universe.com

月2回スペシャルレクチャーを配信。

本の感想やメール、InstagramのDMで寝ずにお待ちしています（笑）。

@hisuikotaro

あなた次第で

# この世界は素晴らしい場所になる

発行日　2024年4月19日　第1刷
　　　　2024年5月13日　第4刷

*Author*　ひすいこたろう
*Illustrator*　カバー・本文背景：かない
本文カット：北村人
*Book Designer*　荻原佐織（PASSAGE）

*Publication*　株式会社ディスカヴァー・トゥエンティワン
〒102-0093　東京都千代田区平河町2-16-1 平河町森タワー11F
TEL　03-3237-8321（代表）03-3237-8345（営業）
FAX　03-3237-8323
https://d21.co.jp/

*Publisher*　谷口奈緒美
*Editor*　大山聡子　元木優子

*Sales & Marketing Company*
飯田智樹　庄司知世　蛯原昇　杉田彰子　古矢薫　佐藤昌幸　青木翔平　阿知波淳平　磯部隆　井筒浩
大﨑双葉　近江花渚　小田木もも　佐藤淳基　仙田彩歌　副島杏南　滝口景太郎　田山礼真　廣内悠理
松ノ下直輝　三輪真也　八木眸　山田諭志　古川菜津子　鈴木雄大　高原未来子　藤井多穂子
厚見アレックス太郎　伊藤香　伊藤由美　金野美穂　鈴木洋子　松浦麻恵

*Product Management Company*
大山聡子　大竹朝子　藤田浩芳　三谷祐一　千葉正幸　伊東佑真　榎本明日香　大田原恵美　小石亜季
野村美空　橋本莉奈　原典宏　星野悠果　牧野類　村尾純司　安永姫菜　浅野目七重　神日登美　波塚みなみ
林佳菜

*Digital Solution & Production Company*
大星多聞　小野航平　中島俊平　馮東平　森谷真一　青木涼馬　宇賀神実　舘瑞恵　津野主揮　西川なつか
野﨑竜海　野中保奈美　林秀樹　林秀規　元木優子　斎藤悠人　福田章平　小山怜那　千葉潤子　藤井かおり
町田加奈子

*Headquarters*
川島理　小関勝則　田中亜紀　山中麻吏　井上竜之介　奥田千晶　北野風生　徳間凜太郎　中西花　福永友紀
俵敬子　宮下祥子　池田望　石橋佐知子　丸山香織

*Proofreader*　株式会社T&K
*DTP*　株式会社T&K
*Printing*　シナノ印刷株式会社



ISBN978-4-7993-3025-8
ANATA SHIDAI DE KONO SEKAI WA SUBARASHII BASYO NI NARU by Kotaro Hisui

最後までお読みいただき、ありがとうございます。
本書を通して、何か発見はありましたか？
ぜひ、ご感想をお聞かせください。

いただいたご感想は、著者と編集者が拝読します。

また、ご感想をくださった方には、お得な特典をお届けします。

# Last Mission

ラストミッション！

いまから、

鏡の前に行って微笑んでごらん。

そして、鏡に映るその瞳に、

「ありがとう。君と出会えてよかった」

そう伝えよう。

だって、そこに映っているその人こそ、

君の世界を変えた救世主だから。

ありがとう。

君と出会えてよかった。